Drucker

德鲁克管理思想

龚俊恒　编著

中华工商联合出版社

图书在版编目（CIP）数据

德鲁克管理思想 / 龚俊恒编著 . -- 北京 : 中华工商联合出版社 , 2017.12（2021.6 重印）

ISBN 978-7-5158-2126-9

Ⅰ . ①德… Ⅱ . ①龚… Ⅲ . ①德鲁克（Drucker, Peter Ferdinand 1909-2005）—管理学—思想评论 Ⅳ . ① C93-097.12

中国版本图书馆 CIP 数据核字（2017）第 255313 号

德鲁克管理思想

编　　著：龚俊恒
责任编辑：林　立
装帧设计：北京东方视点数据技术有限公司
责任审读：魏鸿鸣
责任印制：迈致红
出版发行：中华工商联合出版社有限责任公司
印　　刷：唐山富达印务有限公司
版　　次：2018 年 8 月第 1 版
印　　次：2021 年 6 月第 2 次印刷
开　　本：710mm × 1020mm　1/16
字　　数：250 千字
印　　张：18
书　　号：ISBN 978-7-5158-2126-9
定　　价：78.00 元

服务热线： 010-58301130
销售热线： 010-58302813
地址邮编： 北京市西城区西环广场 A 座
19-20 层，100044
http: //www.chgslcbs.cn
E-mail: cicap1202@sina.com（营销中心）
E-mail: gslzbs@sina.com（总编室）

凡本社图书出现印装质量问题，请与印务部联系。
联系电话：010-58302915

Preface 前言

从“现代管理大师”到“管理大师中的大师”，人们把能想到的荣誉都抛向德鲁克，作为公认的“现代管理之父”，彼得·德鲁克享有此殊荣当之无愧。

彼得·德鲁克是伟大的，他把管理学创造成一种兼具知识性和实践性的学科。一生中，他用自己深刻的认知、理性的分析为后人留下了大量管理学作品，这些作品被传播到 130 多个国家和地区，且极为畅销。德鲁克为世界管理学界做出了不可估量的贡献，他的著作已成为人类学术界一笔宝贵的财富。

1954 年，他首次提出了一个具有划时代意义的概念目标管理，将管理学开创成为一门学科，从而奠定管理大师的地位。

1966 年，他的《卓有成效的管理者》一书和读者见面了，在书中，德鲁克宣称：不是只有管理别人的人才称得上是管理者，在当今知识社会中，知识工作者即为管理者，管理者的工作必须卓有成效。这一独到观点的提出，使该书一度风靡全球，并成为高级管理者必读的经典之作。

1973 年，德鲁克的巨著《管理：任务、责任、实践》出版，为学习管理学的学生提供了系统化教科书，告诉管理人员付诸实践的是管理学而不是经济学、计量方法或者行为科学。因此，该书被誉为管理学的圣经。

1985 年德鲁克又出版《创新与企业家精神》，被誉为《管理的实践》

推出后德鲁克最重要的著作之一，全书强调目前的经济已由“管理的经济”转变为“创新的经济”。

1999 年，89 岁高龄的德鲁克出版他的最后一部著作:《21 世纪的管理挑战》，在书中，他将新经济的挑战清楚地定义为：提高知识工作的生产力，为新世纪的企业管理指明了方向。

比尔·盖茨说:“在所有的管理学书籍中，德鲁克的著作对我影响最深。”几乎所有伟大的企业家都在实践着德鲁克的管理理念，比如，杰克·韦尔奇、张瑞敏、安迪·格鲁夫，等等。这些巨擘们用事实证明了德鲁克思想的理论价值，证明德鲁克是当之无愧的最伟大的管理思想家和实践家。

在这个经济快速发展，竞争日益激烈的时代，企业如何抓住机遇、迎接挑战，在众多的竞争者中脱颖而出，在很大程度上取决于企业的管理者，取决于他们的洞察力、思维水平和管理素质。而管理者要具备高水平的这些相应能力，最有效、最快捷的方式就是向德鲁克这位管理大师“取经”。

本书用精练的语言对德鲁克的管理思想进行了系统梳理，并结合企业管理实际进行深度剖析，以求尽可能地把德鲁克管理思想的精华全部呈现出来。相信阅读本书，能够使你获得成功管理的金钥匙。

Contents 目录

第一篇　做卓有成效的管理者

第三篇　赢在未来的远见、洞察力与有效决策

第四篇 变革时代的理性与智慧

第五篇　对创新进行有效管理

第一篇

做卓有成效的管理者

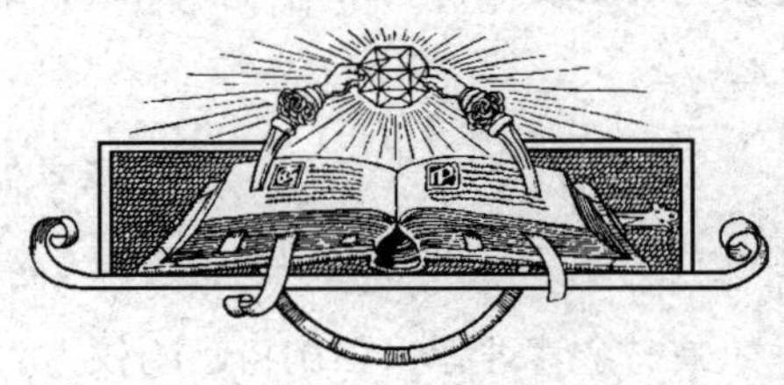

第一章

对贡献的承诺，就是对有效性的承诺

未予先求得，无异于自断生路

管理精粹

很多管理者更在意自己没有得到的“应有”的职权，结果是他们使自己的工作没有效率。

《卓有成效的管理者》德鲁克

精彩阐释

德鲁克认为，如果一个管理者只强调自己的权力，那么不管他对自己的头衔与职位是多么得意，他也只是个下属而已。相反，如果他重视贡献，那么不管他的职位多么低，他实际上就是高层管理人员。这是因为他能对整个机构的经营业绩负责，他所做的工作符合“最高管理层”的实际含义。事实上，机会往往青睐那些勇于付出的人。

一个年轻员工在很短时间内便晋升为公司的管理人员。有人问他成功的秘诀是什么，他这样回答道：“我在试用期的时候就注意到，每天下班后其他人都回家了，而老板却常常留在办公室里工作到很晚。我希望自己能有更多的时间学习一些东西，于是下班后也留在办公室里，处理一些业务方面的工作，同时给老板提供一些帮助。

“没有人要求我留下来，而且我的行为还遭到一些同事的非议，但我还是坚持这样做了，因为我认为我是对的……我和老板配合得很默契，他也逐渐形成了招呼我帮忙的习惯……”

就这样，这个年轻员工学到了很多新技能，并赢得了老板的信任和赏识，进而获得了加薪升职的机会。

可见，贡献多少永远与收获成正比。我们可以再看一个事例。

田迈是一家大型滑雪娱乐公司的普通修理工。这家滑雪娱乐公司是全国首家引进人工造雪机在坡地上造雪的大型公司。

一天深夜，田迈照例出去巡视，突然看见有一台造雪机喷出的不是雪而是水。凭着工作经验，田迈知道这种现象是由于造雪机的水量控制开关和水泵水压开关不协调而导致的。他急忙跑到水泵坑边，用手电筒一照，发现坑里的水已经快漫到动力电源的开关口，若不赶快采取措施，将会发生动力电缆短路的问题。这种情况一旦发生，将会给公司带来严重损失，甚至可能伤及到许多人的性命。

一想到这里，田迈不顾个人安危，毅然跳入水泵坑中，控制住了水泵阀门，防止了水的漫延。随后他又绞尽脑汁，把坑里的水排尽，重新启动造雪机开始造雪。当同事们闻讯赶过来帮忙时，田迈已经把问题处理妥当。但由于长时间在冷水中工作，他已经冻得走不了路了。闻讯赶来的老总派人连夜把田迈送入医院，才使他转危为安。出院的田迈一星期之后就被老总升为总经理助理。

从以上案例中我们可以看出，在你投入之后，回报就可能会在不经意间出现。强调贡献会使效率不断提高。如果只会抱怨，进而工作效率低下，留给自己的多半是被解雇这条路。

实用指南

如果你能勇于付出且乐于付出，如果你能用“要做就做到最好”的态度完成老板交给你的每一项工作，老板自然会信任你、赏识你，并将更重要的工作交给你去做。而你也将因此获得更多的经验，拥有更强的个人能力，并且你将比别人拥有更多的晋升机会。

悦读心得

德鲁克的这一思想对你有什么启示，请拿起笔，写下你的所感、所思、所得：

卓有成效的管理者一定是高度负责的人

管理精粹

卓有成效的管理者会自问：“我应该贡献什么才能大幅度地提升我现任组织的绩效和成果？”他强调的是责任。

《卓有成效的管理者》德鲁克

精彩阐释

德鲁克说，但凡成功人士，必定是高度负责的人。负责是一种职业精神，缺乏这种职业精神的人，即便是从事自己最擅长的领域，也会做得一塌糊涂。工作就是意味着责任，责任感能够产生强大的工作动力。它不仅能使人排除万难，把不可能完成的工作任务完成得非常出色，还能使人变得善于决断。

美国钢铁大王安德鲁·卡内基就有过一个关于责任感的经典案例。

年轻的时候，卡内基曾是铁路公司中一名普普通通的电报员。在一个周末，他正在值班，突然收到了一封紧急电报：在附近的铁路上，有一列装满货物的火车出了轨道。这份电报要求卡内基的上司通知所有途经这条线路的火车改行，以免发生撞车事故。

因为是在周末，卡内基一连打了好几个电话也没有找到主管此事的上司。而在这个时候，他又得到消息：有一辆载满乘客的列车即将驶到事故地点。眼看着时间在一点一点地流失，情况越来越危急。无奈之下，卡内基做出了一个十分大胆的决定：他冒充主管此事的领导给所有要途经这条线路的火车司机打电话，要求他们改行或暂停运行。

按照当时的公司规定，任何冒充上司擅自发布命令的行为，不仅要接受立即开除的处分，还有可能遭受起诉。卡内基在向各个司机打完电话之后，长吁了一口气，十分安静地给上司写了一封信："尊敬的领导：因为特殊情况，我冒充了您给各个火车司机发布了改行或暂停运行的命令。我愿意接受处罚……"

卡内基将这封信放在了上司的桌上。第二天，他并没有去上班，而是在家等着公司律师发给他的起诉函。但是，他等到的却是上司的电话。上司在电话中命令他立即到办公室报到。卡内基来到上司的办公室，他以为上司会狠狠地批评他，出乎意料的是，上司却当着他的面把那封信撕个粉碎。上司微笑着对他说："我刚接到通知，我被调到别的地方任职，我们决定由你来接替我的位置，"卡内基很惊愕，上司说，"不是因为你的业绩出色，而是因为你在昨天做出了正确的决定，你是一个敢于负责的人。"

可见，责任感会使人在做出决策时完全摒弃个人利益，一切以组织利益出发。

科尔顿说："人生中只有一种追求，一种至高无上的追求就是对责任的追求。"我们每一个人都在生活中饰演不同的角色。无论一个人担任何种职务，做什么样的工作，都对其他人负有责任。这是社会法则，是道德法则，也是心灵法则。正是责任，让我们在困难时能够坚持，让我们在成功时保持冷静，让我们在绝望时懂得不放弃。当我们把责任之心携带在人生的道路上，平凡的人生必定散发出不平凡的淡淡的、金子般的光辉。

实用指南

对于任何人来说，一切成绩都是在责任感之后才可能产生的。换句话说，只有体现责任，才能取得成就。没有责任感，终将一事无成。责任感产生巨大的精神力量，并对行动产生决定性影响。所以，卓越的企业管理者都会在团队成员责任感上做足文章，只要责任感不缺失，哪怕是再平凡的团队，也能创造奇迹。

悦读心得

德鲁克的这一思想对你有什么启示，请拿起笔，写下你的所感、所思、所得：

重视贡献是提升成效的关键

管理精粹

对贡献的重视程度是提升成效的关键。

《卓有成效的管理者》德鲁克

精彩阐释

德鲁克认为，重视贡献便能使管理者的注意力从自己狭隘的部门、专业及技能转移到整个机构的经营业绩上来，使他更加重视外部世界。无论是管理者还是普通员工，苦劳固然使人感动，但只有那些做出实际业绩，能够为企业创造实实在在财富的人才能够赢得公司的青睐，才能够获得更好的发展。

联想集团有个很有名的理念："不重过程重结果，不重苦劳重功劳。"这是写在《联想文化手册》中的核心理念之一。在这个手册中，还明确记录道："这个理念是联想公司成立半年之后开始格外强调的。"联想为什么会着重强调这一理念呢？原来，这一理念的提出源自联想的创始人柳传志早年刚刚创建联想的一段经历。

在一次电视节目中，柳传志沉重地告诉大家：联想刚刚成立时，只有几十万元，由于轻信他人，资金被骗走了一大半。而且，骗他们的人，还是个很有背景的人。这样一来，公司元气大伤，甚至逼得员工要去卖蔬菜来挽回损失。

毫无疑问，刚刚创立时的联想，大家都有对事业拼命的干劲和热情。但是，光有干劲和热情，并不能保证财富的增加与事业的成功。不仅如此，商场如战场，如果缺乏智慧和方法，光有善良、热情、好心等品质，这极有可能给企业造成巨大的损失！

当时就那么一点点资金，如果没有用好，公司就有可能夭折、破产！这时，只是强调工作繁忙、勤奋、卖命、辛苦等，已经没有太多的意义。经历过了这一教训，联想的全体员工后来做事不仅越来越冷静、踏实，而且特别重视策略和方法。

联想自从成立以来，到如今已经20年。这20年，它已经从几个下海的知识分子的公司，变为了一家享誉海内外的高科技公司。它之所以有这样大的发展，毫无疑问与其核心理念密切相关。

业绩是衡量人才的唯一标准。一位曾在外企供职多年的人力资源总监颇有感触地说："所有企业的管理者和老板，只认一样东西，就是业绩。老板给我高薪，凭什么呢？最根本的就要看我所做的事情，能在市场上产生多大的业绩。"现在就是一个以业绩论英雄的时代。

实用指南

不管你的能力如何，不管你工作是否努力，想在公司里成长、发展，想要实现自己的目标，都需要有业绩。因为你创造的业绩是公司发展的决定性条件。管理者不仅要以业绩为导向考核下属，更要强化自己的绩效。

悦读心得

德鲁克的这一思想对你有什么启示，请拿起笔，写下你的所感、所思、所得：

管理者应常为下属服务

管理精粹

卓有成效的管理者会询问组织内的上司、同事及下属：你需要我哪些支持才能提升你对组织的贡献？

《卓有成效的管理者》德鲁克

精彩阐释

德鲁克说，卓有成效的管理者总想了解别人需要什么。除了积极地理解上级的意图之外，他们还会千方百计地激励下级，以使其取得成绩。为下属服务，这是他们信奉的一条重要工作原则。

沃尔玛的公仆式领导一直都很有名。早在创业之初，沃尔玛公司创始人山姆·沃尔顿就为公司制定了三条座右铭：顾客是上帝、尊重每一个员工、每天追求卓越。沃尔玛是“倒金字塔”式的组织关系，这种组织结构使沃尔玛的领导处在整个系统的最基层，员工是中间的基石，顾客放在第一位。沃尔玛提倡“员工为顾客服务，领导为员工服务”。

沃尔玛的这种理念极其符合现代商业规律。对于现今的企业来说，竞争其实就是人才的竞争。作为企业管理者只有提供更好的平台，员工才会愿意为企业奉献更多的力量。上级很好地为下级服务，下级才能很好地对上级负责。员工好了，公司才能发展好。企业就是一个磁场，企业管理者与员工只有互相吸引才能凝聚出更大的能量。

但是，很多企业看不到这一点。不少企业管理者总是抱怨员工素质太低，或者抱怨员工缺乏职业精神，工作懈怠。但是，他们最需要反省的是，他们为员工付出了多少？作为领导，他们为员工服务了多少？正是因为他们对员工利益的漠视，才使很多员工感觉到企业不能帮助他们实现自己的理想和目标，于是不得不跳槽离开。

这类企业的管理者应该向沃尔玛公司认真学习。沃尔玛公司在实施一些制度或者理念之前，首先要征询员工的意见：“这些政策或理念对你们的工作有没有帮助？有哪些帮助？”沃尔玛的领导者认为，公司的政策制定让员工参与进来，会轻易赢得员工的认可。

沃尔玛公司从来不会对员工的种种需求置之不理，更不会认为提出更多要求的员工是在无理取闹。相反，每当员工提出某些需求之后，公司都会组织各级管理层迅速对这些需求进行讨论，并且以最快的速度查清员工提出这些需求的具体原因，然后根据实际情况做出适度的妥协，给予员工一定程度的满足。

在沃尔玛领导者眼里，员工不是公司的螺丝钉，而是公司的合伙人，他们尊重的理念是：员工是沃尔玛的合伙人，沃尔玛是所有员工的沃尔玛。在公司内部，任何一个员工的铭牌上都只有名字，而没有标明职务，包括总裁，大家见面后无须称呼职务，而直呼姓名。沃尔玛领导者制定这样制度的目的就是使员工和公司就像盟友一样结成了合作伙伴的关系。

为员工提供服务，把员工视为企业的合作伙伴，这是员工最希望的关系。这种有效的方式，能实现“双赢”。所以卓有成效的管理者都明白，员工不是公司的螺丝钉，而是公司的合伙人。在实际管理过程中，他们总是想尽办法为员工提供方便。

实用指南

把员工视为企业的合作伙伴，就能增加相互的协作。这样不仅员工能迅速成长，也能为企业带来巨大的效益。对于管理者而言，要想成为下属的合作伙伴，就要常问下属需要自己提供哪些帮助，就要主动接触下属。

悦读心得

德鲁克的这一思想对你有什么启示，请拿起笔，写下你的所感、所思、所得：

重视贡献是管理者挖掘潜能的重要方法

管理精粹

“我能贡献什么？”这个问题就是要找出工作尚未运用到的潜能。

《卓有成效的管理者》德鲁克

精彩阐释

德鲁克认为人的潜力是无穷的，当管理者提出“我能贡献什么”这个问题时，实际上就是在促使自己要充分挖掘潜力。

1961年，韦尔奇已经作为一名出色的工程师在GE（美国通用电气公司）工作一年了，他的年薪是10500美元。这时候，韦尔奇的顶头上司伯特·科普兰给他涨了1000美元，韦尔奇觉得还不错。他以为这是公司对有贡献的人的奖赏，他看到了自身的价值，但他很快发现办公室中的4个人的薪水居然完全一样。

他有无数的理由认为，自己应该比其他人挣得多。韦尔奇找到了伯特·科普兰，得到的解释是这是公司预先确定好的标准的工资浮动。韦尔奇一天比一天萎靡不振，终日牢骚满腹，无心工作。

一天，科普兰的上司、时任GE新化学开发部年轻的主管鲁本·加托夫将韦尔奇叫到自己的办公室。他语重心长地对韦尔奇说：“你来GE虽然只有一年时间，但我很欣赏你的才华与工作热情。韦尔奇，以后的路还长着呢，对你个人而言，整日抱怨，无心工作，只会浪费GE这个大舞台，难道你不希望有一天能站到这个大舞台的中央吗？”

这次谈话被韦尔奇称为是改变命运的一次谈话，后来当上执行总裁的韦尔奇也一直尊称加托夫为恩师。韦尔奇此时要做的就是停止抱怨，争取尽快脱颖而出，让自己有一个新的根本性的改变。一直负责韦尔奇所在的实验项目的聚合物产品生产经理鲍勃·芬霍尔特因成绩突出被提升到总部担任战略策划负责人，这样经理的职位就空缺了下来。“我为什么不试试呢？”韦尔奇想，韦尔奇不想看着这个可以改变自己的机会从自己眼前溜走，这个富有挑战性的工作实在是太有诱惑力了。和加托夫其他人吃完晚餐后，韦尔奇跟着加托夫来到停车场，并且坐在加托夫的汽车上。“为什么不让我试试鲍勃的位置？”韦尔奇开门见山地说。

加托夫当时并没有答复韦尔奇，但当他把车开出停车场的时候，他似乎明白了韦尔奇是多么需要用这份工作来证明自己能为公司做些什么。他对站在街边的韦尔奇大声说道：“你是我认识的下属中，第一个向我要职位的人，我会记住你的。”在接下来的7天里，韦尔奇不断给加托夫打电话，列出一些他适合这个职位的其他原因。他说的最多的一句话就是：“我希望为GE做出更大的贡献。”

一个星期后，加托夫打来电话，告诉韦尔奇，他已被提升为塑料部门主管聚合物产品生产的经理。韦尔奇进入GE的第八年，他被提升为主管塑料业务部的总经理，当时他年仅33岁，是这家大公司有史以来最年轻的总经理。

最终，杰克·韦尔奇凭借自己对公司的卓越贡献，稳稳地站到了董事长兼首席执行官的位置上，站到了GE这个大舞台的中央。

正是强调对组织的贡献，使得韦尔奇最终站在了GE的最高点。

实用指南

即便管理者已经拥有了卓越成绩，但若能进一步探究“我还能贡献什么”，那么一定能进一步激发自己的潜能。

悦读心得

德鲁克的这一思想对你有什么启示，请拿起笔，写下你的所感、所思、所得：

成效来自于对机会的高效利用

管理精粹

成效本身必定是来自于对机会的利用，而不单单是为了解决问题。

《成果管理》德鲁克

精彩阐释

德鲁克认为，无论是对于企业成果或是个人业绩，成效都是建立在对机会的利用和对自己的信心上的。

作为全球知名的两大可乐公司，百事可乐与可口可乐的竞争愈演愈烈。不过，二十世纪初的二三十年代，可口可乐几乎称霸了整个可乐市场。可口可乐是可乐的最早发明者，可乐的历史也由它而起。作为跟随者的百事可乐，在最初成立的几十年间，一直将可口可乐视为自己的榜样。

20 世纪 30 年代以前，百事可乐根本不敢想象应该如何与可口可乐进行竞争。百事可乐同当时美国其他数以百计的可乐公司一样，将公司的经营理念重点放在学习可口可乐的运营模式上。作为可乐领域的小字辈，百事可乐一直仰人鼻息。百事可乐曾三次请求可口可乐收购自己，都遭到了后者的拒绝。

强大对手的存在，最终激起了百事可乐的斗志。1939 年，百事可乐改变了过去的经营理念，他们开始寻找突破口。百事可乐发现，所有可乐公司都按照可口可乐 6.5 盎司的标准进行装瓶。百事可乐找到了提升知名度的方法，他们推出了与 6.5 盎司同样价钱，却有 12 盎司分量的“双倍装”。百事可乐还提出了一个非常吸引人的口号：一份钱，两份货。百事可乐的新包装，迅速吸引到大量的消费群体。

百事可乐的这一创举，让包括可口可乐在内的所有可乐公司手足无措。当时 6.5 盎司的标准被消费者普遍接受，而美国各地的自动贩卖机上的瓶装可乐都是按照这一标准包装的。可口可乐作为当时最大的可乐供应商，一时间根本不可能进行包装改换。这一次，百事可乐取得了巨大成功。到第二次世界大战结束，百事可乐已经成为全美第二大可乐生产商。

自此，可口可乐开始将百事可乐作为自己的头号竞争对手。面对百事可乐的竞争，可口可乐采取了应对措施，在 1955 年推出了大瓶装可乐。百事可乐面对可口可乐的出击，再一次对自身的发展战略进行了重大调整。可口可乐公司一贯塑造的产品形象是传统的、正宗的，百事可乐将自己的产品形象定位在新潮的、年轻的。

这次定位的调整对百事可乐的发展至关重要，不仅使百事可乐有了自身的品牌效应，而且与可口可乐的产品进行了区隔，目标群体更为明确，自此以后，百事可乐的战略部署始终围绕在“年轻”与“新潮”上，它有了自己新的广告宣传语——“新一代的选择”。在 1985 年，百事可乐有了历史性的突破，首次在销量上超过可口可乐，成为当时市场的王者。

对手的漏洞就意味着是自己的机会。解决问题是成效的基本要求，除此之外，成效还要能为企业带来实现飞跃的机会。

实用指南

每一次机会的到来，对于任何人来说，都是一次严峻的考验。它不仅需要勇气，更需要智慧。抓住了机会，就会使工作富有成效，企业发展也会因此而实现质的飞跃。

悦读心得

德鲁克的这一思想对你有什么启示，请拿起笔，写下你的所感、所思、所得：

第二章

成果管理至上

卓越是训练出来的

管理精粹

卓有成效的管理者有一个共同点，那就是他们在实践中都要经历一段训练，这一训练使他们工作起来能卓有成效。

《卓有成效的管理者》德鲁克

精彩阐释

德鲁克认为，成功的管理者有一个共同点，那就是他们在实践中都要经历一段训练，这一训练使他们工作起来卓有成效。不管他们是在政府机构内、企业机构内、医院内，还是学校内，不管他们是干什么的，这些训练的内容都是一样的。

1988 年，24 岁的杨元庆进入联想工作，公司给他安排的第一个工作是做销售业务员。多年以后，杨元庆还记得，他骑着一辆破旧的自行车，穿行在北京的大街小巷推销联想产品时的情景。

虽然刚开始杨元庆并不喜欢做销售工作，但他仍然干得非常认真，并且卓有成效。正是销售工作的历练，使杨元庆后来能够面对诸多困难。也正是杨元庆敏锐的市场眼光和出色的客户服务，引起了柳传志的注意。

1992 年 4 月，联想集团任命杨元庆为计算机辅助设备（CAD）部总经理。杨元庆在这个位置上不仅创造出了很好的业绩，而且还带出一支十分优秀的营销队伍。

1994 年，柳传志任命杨元庆为联想微机事业部的总经理，把从研发到物流的所有权力都交给了他。2001 年 4 月，37 岁的杨元庆正式出任联想总裁兼首席执行官。

为了磨一磨杨元庆倔强的脾气，1996 年的一个晚上，柳传志在会议室里当着大家的面狠狠地批评了他："不要以为你所得到的一切都是理所当然的，你的舞台是我们顶着巨大的压力给你搭起来的……你不能一股劲只顾往前冲，什么事都来找我柳传志讲公不公平，你不妥协，要我如何做？"柳传志在骂哭杨元庆后的第二天给杨元庆写了一封信："只有把自己锻炼成火鸡那么大，小鸡才肯承认你比它大。当你真像鸵鸟那么大时，小鸡才会心服。"

杨元庆回忆起当时的情景说："如果当初只有我那种年轻气盛的做法，没有柳总的妥协，联想就可能没有今天了。"经过不断的"折腾"，杨元庆最终成了一名经得起任何压力的"铁人"。

由此可见，卓越有时只需要我们在过程中多一点坚持，少一点放弃；多一点磨炼，少一点退缩。

这就好像一只蝴蝶幼虫，一个善良的人觉得它在茧中拼命挣扎太过辛苦，出于好心，就用剪刀轻轻地将茧壳剪掉，让幼虫轻易地从里面爬了出来。然而不久以后，那只幼蝶就死了。

幼蝶在茧中的挣扎是生命中不可缺少的一部分，是为了让身体更强壮、翅膀更有力。如果不经过必要的破茧过程，它就无法适应茧外的环境。一个人如果不经历必要的磨难，他就很脆弱，没有能力抵抗以后的风风雨雨；一个公司如果不靠自己的力量冲破困境，这个公司就无法有长远的发展。

实用指南

对真正的人才来讲，溺爱即是摧毁，而折腾恰恰是培养和检验。一个人如果不经历必要的磨难，就会很脆弱，没有能力抵抗以后的风风雨雨。

悦读心得

德鲁克的这一思想对你有什么启示，请拿起笔，写下你的所感、所思、所得：

卓越领导的五项修炼

管理精粹

想要成为卓有成效的管理者，至少需要五种训练。第一，卓有成效的管理者应该知道如何分配时间。他们善于通过对时间的掌握，实现有系统的工作。第二，卓有成效的管理者往往专注于贡献。第三，卓有成效的管理者会使自己的长处得到充分发挥。第四，卓有成效的管理者会锁定少数几个领域，并在这些领域中，用优异的表现带来卓越的成效。第五，卓有成效的管理者会做出最有效的决策。

《卓有成效的管理者》德鲁克

精彩阐释

德鲁克认为管理时间必须会计划时间、简化工作及授权于人。时间的价值非比寻常，它与我们的发展和成功关系非常密切。同样的工作时间、同样的工作量，为什么我们不能像别人那样在第一时间完成任务？计划时间，就是要制定目标，使自己明白自己是如何利用时间的。

很多人每天忙得不可开交，他们总是行色匆匆，总是有做不完的工作，开不完的会，吃不完的宴席。为什么会出现这种情况？德鲁克认为，很多人根本没分清楚哪些事情该做，哪些事情不必做，哪些事情纯粹是在浪费时间。所以，作为管理者，必须剔除那些浪费时间的事情，做最有用、最有价值的事。

学会管理自己的时间，必须尽量少做浪费时间的事。任何一个管理者，都没有足够的时间完成他想完成的事情。所以，管理者应该学会如何授权，让别人去完成一些事情。管理者没必要事必躬亲，只有尽量减少管理，放手让别人干，才是明智之举。管理者既不是神仙，也不是超人，他的精力和能力都是有限的。因而，管理者只能想大局、议大事，而不必事无巨细，事必躬亲，更不必大权独揽。

卓有成效的管理者专注于外在的贡献，他们不在乎实际的个人行为，而是想着怎么去贡献。

爱迪生未成名前生活比较贫困。那时候他为了研究试验，经常穿同一件衣服。一次，他的老朋友在街上遇见他，看见爱迪生还穿着上次见到他时所穿的那件衣服，关心地说："看你身上这件大衣破得不成样了，你应该换一件新的。"

"用得着吗？在纽约没人认识我。"爱迪生毫不在乎地回答。几年过去了，爱迪生成了大发明家。有一天，爱迪生又在纽约街头碰上了那个朋友。"哎呀，"那位朋友惊叫起来，"你怎么还穿这件破大衣呀？这回，你无论如何要换一件新的了！""用得着吗？这儿已经是人人都认识我了。"爱迪生仍然毫不在乎地回答。

爱迪生专注于自己对社会的贡献，而忽视自我的形象和物质需求，这种心态和境界很值得现代人学习。

卓有成效的管理者应尽量发挥自己的长处。天生我才必有用，即使是再愚蠢的人，也一定有自己的长处。我们往往羡慕别人所拥有的优点，而忽略了自己本身具有的优点和长处。善于发挥的特长，是现代人应具有的本领之一。有一句名言曾经说过："生活如一个剧本，重要的不是长度而是精彩度。"尺有所短，寸有所长。人生的诀窍就在于利用自己的长处。

美国著名作家马克·吐温曾经试图成为一名出色的商人。他投资开发打字机，最后赔掉了5万美元，一无所获。马克·吐温看见出版商因为发行他的作品赚了大钱，心里很不服气，也想获得这笔财，于是他开办了一家出版公司。然而，经商与写作毕竟不同，他又很快把公司的资金赔光。

经过两次打击，马克·吐温终于认识到自己毫无商业才能，于是断了经商的念头，开始在全国巡回演说。这回，风趣幽默、才思敏捷的马克·克吐温完全没有了商场中的狼狈，重新找回了感觉。最终，马克·吐温靠写作与演讲还清了所有债务。

卓有成效的人能够最大化地利用自己的长处和优点，因为唯有利用自己的长处，才能使自己的人生增值；相反，暴露自己短处会使自己的人生贬值。有一句话说得好："宝贝放错了地方便是废物。"

管理者应该懂得，做出有效的决策对他们有多么重要。

有一次，皮柏陪妈妈去欧洲观光。当轮船航行到新奥尔良时，一位陌生人向他推销咖啡，而且价钱只是平时的一半，很多人在犹豫不决，但皮柏只是考虑了一会儿就买下来了。就在他买下不久，巴西咖啡因为受寒而减产，价格一下子就涨到了平时的2～3倍。皮柏大赚了一笔。

管理者的决策就是这样，有效决策能够使你的团队的效率如同皮柏购买的咖啡一样翻上几倍，否则，团队将因为决策的失效而陷入群龙无首的泥潭之中。

实用指南

管理者想要在管理上获得卓越成效，就要懂得如何去训练自己，德鲁克提出的这五项修炼，便是最好的修炼途径和方法。

悦读心得

德鲁克的这一思想对你有什么启示，请拿起笔，写下你的所感、所思、所得:

树立明确的结果意识

管理精粹

有效的管理者并非为工作而工作，而是为成果而工作。

《卓有成效的管理者》德鲁克

精彩阐释

德鲁克认为，卓有成效的管理者一定是为成果而工作的人。他们关注于结果，并想尽一切办法去获得好的结果。他们只关心结果，对找借口不感兴趣。他们只在意是否做了正确的事情，而不愿意花费精力和资源来为不能达成积极结果找理由。

有位出租车司机拥有自己的房子，两个孩子皆在大学里读书。一天，一位乘客上了他的车，发觉这位司机心情不佳，于是开口了解其状况，才知道最近他老婆买股票亏了 20 万。这位乘客听了吓一大跳，以一般开出租车的收入而言，实在很难想象能有此余钱可以让老婆花费近 20 万。乘客心里想着，于是好奇地追问：“您是如何赚得这么多钱的？”

司机笑笑说：“其实很简单，从 30 年前开始开出租车，我就养成一个习惯，那就是我每天早上八点出门，一定要工作到收入超过 300 元才回家休息。您知道吗，每天工作完，我还来得及看晚上八点的电视节目。因为我知道我必须达到什么结果，所以不会将时间用在与其他朋友闲聊或午休方面，一心只想赚到 300 元这个结果，所以专注在工作上，效率自然高于一般同行，不仅收入尚可，生活正常，30 年来，也未曾想过换职业。”

出租车司机每日设定营业额 300 元以上作为自己必须达到的目标，驱使他工作效率提升。反问自己，你想清楚自己必须达到什么样的结果了吗？只有想清楚自己必须达到什么结果，你才知道自己为何而忙，从而提高工作效率，更完美地完成工作。

心理学家阿德勒认为，特意深植在脑海中并维持不变的“明确的结果”，在下定决心要将它予以实现之际，将渗透到整个潜意识，并自动影响到身体的外在行动以促成想要达到的结果的实现。

因此，为了在明确的结果下点燃激情，发挥自己的潜能，我们应该选择生命中的“主要目标”，选好之后，把它写下来，放在你每天至少可以看到一次的地方。其用意在于，把这个结果深深地印在你的潜意识中，把它当作一种模型或蓝图，让它支配你生活中主要的活动，一步一步地向它迈进。

只要一个人能够妥当地发展他的“明确的主要目标”，那么，在“合理的范围之内”，没有什么事情是他办不到的，有很多的证据可以支持这种说法。林肯借助于这样的方法，跨越了一道宽广的鸿沟，从肯塔基山区的一栋小木屋走出来了，最后成为美国总统。西奥多·罗斯福更是借助于这一方法使自己成为美国最有作为的总统之一。安德烈·阿加西先生也是结果意识的最终受益者。

安德烈·阿加西是英国一位著名的作家和演说家。多年前，他领会到了自我暗示方法的功效，立即加以运用。他制订出运用这种方法的一项计划，结果证明极为有效。当时他既不是作家，也不是演说家。

每天晚上入睡之前，他会闭上眼睛，幻想自己看到了一张长长的会议桌，他（在想象中）安排了一些著名的人物坐在桌旁，而这些人物的个性和优点正是他极力想要模仿的对象。他把林肯安排坐在桌子的尽头，然后在桌子两旁分别坐了拿破仑、华盛顿、爱默生等伟人。最后，他对这些被他安排坐在想象中会议桌前的幻想人物发表谈话，谈话的内容大致如下：

对林肯先生：“我渴望在自己的个性中培养出你所拥有的优点，正直、对所有的人充满耐心和幽默。我需要拥有这些优点，在我培养出这些优点之前，我不会罢手的。”

对华盛顿先生：“我渴望在自己的个性中培养出你所拥有的独特的优

点，强烈的爱国心、自我牺牲的精神，以及卓越的领导才能。”

对爱默生先生：“我渴望在自己的个性中培养出你所拥有的独特的优点，深邃的穿透力以及用想象解释大自然法则的能力，如同这些自然法则写在了石墙上、正在生长的树木上、潺潺流过的小溪里、盛开的花朵，或是小孩子的脸上。”

对拿破仑先生：“我渴望在自己的个性中培养出你所拥有的独特优点，自信心能够克服障碍、战略眼光、从失败中学到教训，以及从失败中发展出力量的能力。”

对赫巴特先生：“你能用清晰、简洁而有力的语言表达你自己的观点，我渴望能拥有与你同等，或超过你的这种能力。”

一连好几个月，阿加西每天晚上都不断看到这些人物坐在那张想象中的会议桌旁，他最后终于把他们杰出的优点十分清楚地印在他自己的潜意识中，并开始形成一种由这些人物个性组成的属于他自己的个性。

想清楚自己必须达到什么结果，可以唤醒一个人的潜能。阿加西正是认识到了这一点而走向成功的。在这里，潜意识也许可以比作一块磁铁，当它使用，并与“明确目标”相互作用之后，它就会吸引住达到这个目的所必备的条件。

实用指南

管理者可以利用心理学上的这种方法，把“主要目标”深刻在潜意识中，这个方法就是所谓的“自我暗示”。

悦读心得

德鲁克的这一思想对你有什么启示，请拿起笔，写下你的所感、所思、所得:

第一次就把事情做对

管理精粹

许多卓有成效的管理者在个性、能力、工作种类、工作方式、岗位、性格、知识及兴趣上都有天壤之别，但他们的共性是：拥有把对的事做好的能力。

《卓有成效的管理者》德鲁克

精彩阐释

德鲁克的这段话中包含了三个最为重要的概念：做正确的事，正确地做事，把事情做好。

“正确地做事”以“做正确的事”为前提，如果没有这样的前提，“正确地做事”将变得毫无意义。“把事情做好”以“正确地做事”为前提，如果不能正确地做事，在处理事务中未能有正确的方法，将不可能获得“把事情做好”这种理想的结果。

每个人都必须明确什么是正确的事。对于企业而言，所要进行的事情必须符合企业的价值观和使命，企业利益必须与公众、社会利益有机统一。企业只有顺应民意、强调社会效益，才能获得持久的经济效益。对于个人而言，所谓正确的事，不仅要符合个人的人生志趣，更要符合社会的价值观和组织的要求、利益。

著名管理学家克劳士比把“第一次就把事情做对”作为自己零缺陷理论的精髓之一。这一观点体现的是一种精益求精的工作态度。从全球知名汽车公司的全面质量管理和准时化生产中来看，人们会惊奇地发现，原来，第一次就把事情做对不仅是可能的，而且是必须的。想想看，整条流水线上，每一个零配件生产出来之后马上就被送去组装，因为没有库存，任何一个环节出了质量问题，都会导致全线停产，所以必须百分之百地“第一次”就把事情做对。

美国市政厅的一份研究报告披露说，仅在华盛顿特区发生的因工作马虎造成的损失，每天至少有100万美元。该城市的一位商人曾抱怨说，他每天必须派遣大量的检查员去各分公司检查，尽可能地制止各种马虎行为。在许多人眼里有些事情简直是微不足道的，但积少成多，积小成大，一些不值一提的小事会影响他们做事的工作效率，当然也会影响到他们的晋升和事业的发展。

正如德鲁克所言，任何想要有所作为的人，都要选择正确的事情去做，采用正确地做事方式去做，本着把事情做好的原则去做，高效率、高质量、有创造性地完成任务。把对的事情做好，这是取得成功的秘诀，也是优秀管理者必备的素质之一。

实用指南

德鲁克认为，我们可以从以下几个方面来锻炼自己把对的事情做好的能力。

第一，善于学习。学习的方式有很多种，向书本学习是比较常见的一种。向书本学习，丰富学识，本着缺什么补什么的原则，多读书、读好书，学以致用，用以促学。

第二，做事要专注。面对五彩缤纷的世界，往往应接不暇；面对形形色色的诱惑，往往难以拒绝。总想得到更多，总想收获更丰，到头来无不验证了老子那句名言："五色令人目盲，五音令人耳聋，五味令人口爽。"我们只有学会排除干扰、拒绝诱惑，真正静下心来专注地做一件事，成功才会将离我们越来越近。

第三，有所为有所不为。这需要做出选择和取舍。阿西莫夫是一位科学知识普及者，同时也是一位自然科学爱好者。但他在自然科学研究上迟迟没有可以拿出手的成绩。一天，他在打字机前打字的时候，突然意识到："我不能成为第一流的科学家，也许能成为第一流的科普作家。"于是，他把全部的精力都放在科普创作上，终于成为著名的科普作家。

因此，要想成功，必须有所取舍，这样才能将有限的精力全部投入到自己选择的事情上，才有机会获得成功。

悦读心得

德鲁克的这一思想对你有什么启示，请拿起笔，写下你的所感、所思、所得：

有效利用二八法则

管理精粹

一个事情再怎么简单，管理再怎么有条理，仍然会有许多事情需要去处理，但资源总会不够。

《成果管理》德鲁克

精彩阐释

德鲁克认为，如果你想获得更大的成功，而不是成为一个庸庸碌碌的“没事忙”，你就需要抛开那些低价值的活动，将你的时间花在高价值的活动上——那些真正能给你的生命带来成功和喜悦的事情。

生存在现在的社会里，必须要了解二八法则，比如说世界上 80% 的财富，掌握在 20% 的人手里；市场上 80% 的速食面，由 20% 的商人经营。此种规则，也可适用在时间上。

实际上所有的经济活动都服从这一原则：20%的罪犯所犯的案件占所有犯罪案的 80%；20%粗心大意的司机，引起 80%的交通事故；20%的产品，或 20%的客户，为一家公司提供了 80%的赢利；占公司人数 20%的业务员，其营业额占公司总营业额的 80%；占出席会议人数 20%的与会者，发言率占所有发言的 80%……

也就是说，在很多情况下，重要的东西往往只占整体的一小部分，却发挥着很大作用。这似乎意味着我们平时付出的 80%的努力，也就是绝大部分的努力，都没有创造收益和取得效果，或者是没有直接创造收益和取得效果，而 80%的收获却仅仅来源于 20%的努力。

二八法则向人们揭示了一个真理，即投入与产出、努力与收获、原因和结果之间，普遍存在着不平衡关系。小部分的努力，可以获得大的收获；起关键作用的小部分，通常就能主宰整个组织的产出、盈亏和成败。这样的事实可以给人有益的提示：只要集中精力处理工作中比较重要的20%的那部分，就可以解决全部的80%。

很多高效能人士都认识到了二八法则的重要作用，并将其合理运用到了自己的工作中。比如他们知道80%的成长、获利和满意，一般来自于20%的顾客。当其他公司把争取新客户作为工作重点时，他们却把尽可能与现有大客户维持长久的关系作为重中之重。这20%的“关键客户”是公司利润的重要来源，所以，永远留住这些最重要的客人，给他们提供周到的服务才是明智之举。

另外，高效的管理者在制定公司的发展战略时也会采用二八法则。

IBM公司闻名全球，它的成功并非偶然。早在20世纪60年代，IBM公司的管理人员就通晓二八定律，并将其运用在了公司的发展中。

1963年，IBM的电脑系统专家发现，一部电脑约80%的使用时间，是花在20%的执行指令上的。基于这一重要发现，公司的管理层立刻决定重写电脑的操作软件，让大部分的人都更容易接近这20%，进而轻轻松松使用电脑。因此，与其他竞争者的电脑相比，IBM公司制造的电脑操作更便捷，效率更高，速度更快。这令IBM电脑一时风靡全球，成为电脑行业中的佼佼者。

无论是对企业家、商人、技术工程师，或者其他任何人，二八法则的意义都十分重大。这条法则能促进企业提高效率，增加收益；能帮助个人和企业以最短的时间获得更多的利润；能让每个人的生活更有效率、更快乐；它还是企业降低服务成本、提升服务质量的关键。在做任何事时，只要把握住20%的关键之处，就能掌握80%的成功。

实用指南

工作时间表上记录的密密麻麻的事情中到底有多少是有价值的呢？

哪些事情是“高价值”的呢？哪些是阻碍你发展和进步的、“低价值”的时间浪费？当你认识到哪些事情是骗走你宝贵时间的低价值活动，你就要像清除衣橱里的旧衣服那样，毫不客气地将它们丢掉，腾出时间去做最有价值的事。

悦读心得

德鲁克的这一思想对你有什么启示，请拿起笔，写下你的所感、所思、所得：

第三章

时间管理是一项基本技能

有效地管理时间

管理精粹

时间是最宝贵的资源，不懂时间管理，那就什么也无法管理。

《卓有成效的管理者》德鲁克

精彩阐释

德鲁克认为，卓有成效的管理者非常注重管理自己的时间。因为时间是个人最重要也是最基础的资源。然而很多人并不认为浪费时间就是在增加成本。其实，关于时间的认识是最基本的，每个人的时间都是有限的且具有不可逆性。因此，管理者能做的只能是珍惜时间，并使之产生最大的效能。

在美国现代企业界里，与人接洽生意能以最少时间产生最大效率的人，非金融大王摩根莫属。他甚至因为珍惜时间而招致了许多怨恨，但实际上人人都应该把摩根作为这一方面的典范，因为人人都应具有这种珍惜时间的美德。

摩根每天上午 9 点 30 分准时进入办公室，下午 5 点回家。有人对摩根的资本进行了计算后说，他每分钟的收入是 20 美元，但摩根认为不止这些。所以，除了与生意上有特别关系的人商谈外，他与人谈话绝不超过5分钟。

通常，摩根总是在一间很大的办公室里，与许多员工一起工作。摩根会随时指挥他手下的员工，按照他的计划去行事。如果你走进他那间大办公室，是很容易见到他的，但如果你没有重要的事情，他是绝对不会欢迎你的。

摩根能够准确地判断出一个人来接洽的到底是什么事。当你对他说话时，一切转弯抹角的方法都会失去效力，他能够立刻判断出你的真实意图。这种卓越的判断力使摩根节省了许多宝贵的时间。

做好时间管理，合理利用自己的时间，是提高工作效率、提升工作价值的重要方法。歌德曾说:“我们都拥有足够的时间，只是要好好善加利用。一个人如果不能有效利用有限的时间，就会被时间俘虏，成为时间的弱者。一旦在时间面前成为弱者，他将永远是一个弱者。因为放弃时间的人，同样也会被时间放弃。”成功学家卡内基也说过，只有善于把握时间的人，才能走向成功。

实用指南

德鲁克说，时间是最宝贵的资源，不懂时间管理，那就什么都无法管理。要赢得时间，应该把注意的重点放在以下几个方面:

1. 预先做好计划。从长远来看，计划附上时间，可以大大节省时间，更可做到运筹帷幄，是十分值得的。

2. 减少电话骚扰。集中并有选择地处理来电，回复电话时尽可能针对要点简明扼要，切忌把时间花在不着边际的闲聊上。

3. 不要犹豫不决。犹疑寡断最费时间，谨慎决定，敢于负责，远胜于犹豫不决，要训练和改善自己的决策能力和技巧。

4. 留有时间余地。在计划工作表上，预留少许时间作为休息或处理突发事件之用，以防万一。

5. 改善阅读工作。有选择性地阅读文件，除练习速读与决策能力外，可考虑将一些例行性及次要文件交由下属处理。

6. 适当下放权力。不必凡事躬亲，小事应当假手于人，多训练几个好帮手，自己从旁观察与控制。

悦读心得

德鲁克的这一思想对你有什么启示，请拿起笔，写下你的所感、所思、所得：

时间没有替代品

管理精粹

在一定范围内，某一资源缺少，可以另觅一种资源替代。例如铝少了，可以改用铜；劳动力可以用资金来代替。我们可以增加知识，也可以增加人力，但没有任何东西可以替代已失去的时间。

《卓有成效的管理者》德鲁克

精彩阐释

德鲁克说，管理者的工作时间往往只属于别人，而不属于自己。时间完全没有代替品，最大限度地利用好时间的意义是创造了更多的价值，这是一个管理者应该努力学习的课程。现实工作中，每个人都可以跑来占用管理者的时间，而管理者本身对此显得毫无办法。他无法像内科医生那样可以伸出头去对护士说："在接下来的半小时里，请不要让人来打扰我。"管理者办公桌上的电话铃一响，他就得拿起电话与公司的重要客户通话，要不就与市里的高级官员或自己的上司说话，于是，接下来的半个小时就泡汤了。

美国近代诗人、小说家和出色的钢琴家艾里斯顿善于利用时间。他在文章中写道："当时我大约只有 14 岁，年幼疏忽，对于爱德华先生那天告诉我的一个真理，未加注意，但后来回想起来真是至理名言，从那以后我就得到了不可限量的益处。

“爱德华是我的钢琴教师。有一天，他给我教课的时候，忽然问我每天要练习多少时间钢琴。我说大约每天三四小时。他又问我每次练习时间长吗，我如实地告诉他我每次都在一个小时以上。

“‘不，不要这样！’他说，‘你将来长大以后，每天不会有长时间的空闲。你可以养成习惯，一有空闲就几分钟几分钟地练习。比如在你上学以前，或在午饭以后，或在工作的休息余闲，五分钟、五分钟地去练习。把短的练习时间分散在一天里面，如此，弹钢琴就成了你日常生活中的一部分了。’

“当我在哥伦比亚大学教书的时候，我想兼职从事创作。可是上课、看卷子、开会等事情把我白天、晚上的时间完全占满了。差不多有两个年头我一直不曾动笔，我的借口是没有时间。后来才想起了爱德华先生告诉我的话。到了下一个星期，我就实验起来。只要有五分钟左右的空闲时间我就坐下来写一百字或短短的几行。

“出乎意料的是，在那个星期的终了，我竟积累了相当一部分稿子准备做修改。

“后来，我用同样积少成多的方法，创作长篇小说。我的教授工作虽一天繁重于一天，但是每天仍有许多可资利用的短短余闲。我同时还练习钢琴，发现每天小小的间歇时间，足够我从事创作与弹琴两项工作。”

没有任何东西可以替代已经失去的时间，所以当前的时间是最宝贵的，应该最大限度地利用好。坚持先把最重要的事情完成，从另一个角度说也是把时间的不可代替性和效率第一性联系在了一起，从而获得了巨大的成功。

实用指南

德鲁克认为，任何一个管理者，不管他是否是经理，往往不得不在那些对组织不产生任何好处的事上花费很多时间。很多时间不可避免地被浪费掉了。在组织中的位置越高，他在这方面所感到的压力就越大。对于管理者而言，如果想取得绩效，那他必须将精力集中到整个机构的工作成果和绩效目标上来。这也就是说，他必须省出时间来做这些事情。

悦读心得

德鲁克的这一思想对你有什么启示，请拿起笔，写下你的所感、所思、所得：

在行动前规划好时间

管理精粹

懂得利用时间的管理者，可以经过规划而取得成果。

《管理的实践》德鲁克

精彩阐释

德鲁克认为，一个成功者往往懂得计划时间。时间的价值非比寻常，它与我们的发展和成功关系非常密切。同样的工作时间、同样的工作量，为什么有时候我们总不能像别人那样在第一时间完成？计划时间，就是要制定目标，使自己明白自己是如何利用时间的。

1976 年冬天，19 岁的迈克尔在休斯敦大学主修计算机。他是一个音乐爱好者，同时也具有一副天生的好嗓子，对他来说，成为一个音乐家是他一生最大的目标。因此，只要有多余时间，他就把它用在音乐创作上。

不久，迈克尔又找了一个名叫凡内芮的年轻人来合作。凡内芮了解迈克尔对音乐的执着。然而，面对那遥远的音乐界及整个美国陌生的唱片市场，他们无计可施。

有一次闲聊，凡内芮突然从嘴里冒出了一句话：“想象你 5 年后在做什么，”迈克尔还来不及回答，他又说，“别急，你先仔细想想，完全想好，确定了再告诉我。”迈克尔想了想，开始说，“第一，5 年后，我希望自己能有一张唱片在市场上发行，而这张唱片很受大众欢迎；第二，5 年后，我要能天天与一些世界一流的音乐家一起工作。”

凡内芮听完后说：“好，既然你已经确定了，我们就把这个目标倒过来看。如果第五年，你有一张唱片在市场上，那么第四年，一定要跟一家唱片公司签约。那么第三年，一定要有一个完整的作品，可以拿给很多很多的唱片公司听，对不对？那么第二年，一定要有很棒的作品开始录音了。那么第一年，就一定要把你所有要准备录音的作品全部编曲，排练好。那么第六个月，就是要把那些没有完成的作品修饰好，然后让你自己可以一一筛选。那么第一个月，就是要把目前这几首曲子完工。那么第一个礼拜，就是要先列出一个清单，排出哪些曲子需要修改，哪些需要完工。”

凡内芮一口气说完，停顿了一下，然后接着说：“你看，一个完整的计划已经有了，现在你所要做的，就是充分利用时间，并按照这个计划去认真地准备每一步，一项一项地去完成，这样到了第五年，你的目标就实现了。”说来也巧，恰好在第五年，迈克尔的唱片开始在北美畅销起来，他一天 24 小时几乎全部都忙着与一些顶尖的音乐高手在一起工作。

从这个故事可以看出，制定目标，给自己规划时间这多么重要。

实用指南

很多管理者总是抱怨时间不够用，然而，他们是否想到给自己的工作制订一个详尽的计划，并且充分按照计划的要求去执行呢？德鲁克认为，与其把时间浪费在没有用的争吵、抱怨、牢骚中，还不如制订自己的计划，立即行动起来。卓有成效的管理者往往都是时间管理上的小气鬼，绝非是在不知不觉间浪费时间的糊涂人。

悦读心得

德鲁克的这一思想对你有什么启示，请拿起笔，写下你的所感、所思、所得：

做好时间记录可以提高工作效率

管理精粹

管理者提高工作效能的第一步就是将那些被实际运用的时间做记录。

《卓有成效的管理者》德鲁克

精彩阐释

在德鲁克看来，卓有成效的管理者都善于做时间记录，并对这些记录每月定期进行检查。每次检查完记录之后，他们就会发现自己又曾在一些无关紧要的琐事上浪费时间。其实这就是一种管理时间的练习，只有通过反复练习才能学会有效地使用时间，也只有不断地练习才能避免时间使用的偏离。

福特二世的书桌上总是放着一张记录重要事件的卡片，他把它作为管理系统的中心："每当我踌躇、犹豫的时候，我就会看着这张表，思考这件事情是否需要着手去办。"通常在福特二世的卡片上大约有20件事，包括电话、信件、传真，以及他口述的小段专栏文章。他说过：如果你用一个较为固定的记事本来记录你想做的事，那事情将永远搁置在那里，卡片能够时刻提醒他哪些事情还未办。

很多管理者还曾有这样的工作经验：每当分配工作给下属时，如果要求他们把所交代的事情记在工作计划表上，在随后的会议中，也要要求他们带计划表来开会，并以此作为推进报告的根据。那么，一般而言，团队的任何人都不会遗漏工作中的任何环节，并且知道哪些环节是异常重要的。

《菁华》杂志的主编苏珊·泰勒不但规划了自己的计划表，还给她的属下制作了日程表。通常情况下，泰勒周末便躲到新英格兰的度假区去思考企业规划方案，读文章、报纸、杂志，理清头绪。当她星期一回到工作岗位后，总会带着重要人员的日程表，上面写有指派给每个人的工作。优先须知的事会有红色的记号，第一要做的事情则有两个记号。另外，完成工作所需的资料，例如名片或相关的信件等，都会附在日程表上。

有一位善于利用时间的经理则将部门的日程安排写在白板上，这样有利于随时根据事情发展变化进行调整，调整事情的优先顺序，而且也让部属明白他如何看待一项企业计划方案的重要性。另外，还有一些人甚至会预估他们长期计划表上的每一个计划需要花多少时间完成，然后再利用周计划或月计划或年计划制定日计划。

《薪水阶级》月刊的主编黛博拉·沙蓝，她以归档方式规划每年、每月的时间安排。每月的前两周固定是写评论时间；在第三、四周则为其他活动时间，例如演讲，回复谢函，做公关联络并计划未来的时间。她总是预先计划未来一年的工作：几个月写本书、几个月开个研讨会，其余的两个月安排来尝试新奇的事物。沙蓝利用这种方式创作了数量惊人的作品，并且获得了众多的拥护者。

由此可以看出，如果认真去努力，时间是可以管理的。作为管理者，应该时刻警醒，什么事是应该做的，什么事浪费精力，然后选择重要的事去完成。

实用指南

德鲁克说，要想进行卓有成效的时间管理，就需要找出自己哪些活动是浪费时间、不产生效果的，并尽可能将这些活动从时间表上排除出去。德鲁克为此开出了“诊断”方案：

首先，必须发现并排除那些根本不需要去做的事情和那些纯粹浪费时间而又不产生效果的事情。为此，需要对记录上的所有活动进行仔细审察：“如果根本不做这件事，将会怎么样？”假如审察下来的结果是“没有关系”的话，那么结论很明白：以后就不要再做这件事了。

其次，看记录上的哪些活动可以由别人代为参加而又不影响效果的。

每位管理者都被告知要当一名合格的“授权委托人”，把那些可以由别人来做的事情统统交给别人去做，将自己的时间完全集中于绩效和那些容易出经济成果的事情上。

通常认为，浪费时间往往发生在管理者可以控制的范围之内，他自己完全能够消除这种浪费现象。卓有成效的管理者常常会询问他们的下属：“我常做哪些浪费你们时间而又不产生效果的事情？”从下属的回答中，找出自己浪费时间的事务。

悦读心得

德鲁克的这一思想对你有什么启示，请拿起笔，写下你的所感、所思、所得：

没有人会因为浪费时间而成功

管理精粹

不管他的职位有多高，没有任何一个管理者能够因为浪费工作时间而获得别人的尊重。

《卓有成效的管理者》德鲁克

精彩阐释

德鲁克认为，不管是出于时代变化的需要，还是企业变革的需要，管理者学会如何管理自己的时间已经变得越来越重要。时间资源极其容易流失，如果不能管好时间，任何管理者都将变得极其平庸。

美国著名作家杰克·伦敦的房间，有一种独一无二的装饰品，那就是窗帘上、柜橱上、衣架上、床头上、镜子上、墙上……四处贴满了各色各样的小纸条。他非常偏爱这些纸条，几乎和它们形影不离。这些小纸条上面写满各种各样的文字：有美妙的词汇，有生动的比喻……睡觉前，他默念着贴在床头的小纸条；第二天一觉醒来，他一边穿衣，一边读着墙上的小纸条；刮脸时，镜子上的小纸条为他提供了方便；在踱步、休息时，他可以到处找到启动创作灵感的语汇和资料。外出的时候，他把小纸条装在衣袋里，随时都可以掏出来看一看，思考一下。

与之相类似的还有英国文学史上著名女作家艾米莉·勃朗特。艾米莉在年轻的时候，除了写作，还要承担全家繁重的家务劳动，如烤面包、做菜、洗衣服等。她在厨房劳动的时候，每次都随身携带铅笔和纸张，一有空隙，就立刻把脑子里涌现出来的想法写下来，然后再继续做饭。

时间从我们眼前不经意地流走，而且永不回头。

莎士比亚说："时间是无声的脚步，是不会因为我们有许多事情要处理而稍停片刻。"在时间面前，所有的荣辱得失都会变得黯然失色。

实用指南

德鲁克说，没有任何一名管理者会因为浪费时间而获得卓越业绩，时间无可代替且不可逆转。浪费时间看似只是没有工作效率，但其实质是在增加成本。管理者应时刻为如何高效利用时间找到好方法，这样才能实现卓有成效的管理。

悦读心得

德鲁克的这一思想对你有什么启示，请拿起笔，写下你的所感、所思、所得：

第四章

只有经得起绩效考验的人，才是可以提升的人

人事任命是一个赌注

管理精粹

任何一项人事任命都是一个赌注。

《卓有成效的管理者》德鲁克

精彩阐释

德鲁克认为，人事决策是最根本的管理。任何一项人事任命都是一个赌注，因为人所产生的成果决定了整个企业的绩效。

德鲁克的理解是，一个企业要具备非常高的绩效能力，就必须做好有关“人”的各项决定，这的确像是个赌注。这些决定包括岗位安排、工资报酬、职位升降和解雇等。有关人的各项决定将向企业中的每一个成员表明，管理层真正需要的、重视的、奖励的是什么。人事决策是涉及人的决策，人事决策不仅会影响到做决策的某些人或某个团队，还会影响到所有的经理和管理者。

20 世纪 30 年代中期，美国福特公司的一台电机发生故障，公司所有的技术人员都未能修好，只好从另一家公司请来一位名叫斯坦门茨的专家。他在电机房躺了3天，听了3天，然后要了一架梯子，仔细观察了一番，最后在电机的某一部位用粉笔画了一道线，并写了一行字："此处线圈多了16圈。"结果，把这16圈线拆除后，电机马上运转正常。

福特很欣赏斯坦门茨的技艺，并希望他能到福特公司效力，但遭到了斯坦门茨的拒绝。他说："我所在的公司对我很好，我不能见利忘义。"福特说："那我把你所在的公司买过来。"最后，福特用3000万元买下了斯坦门茨所在的公司。

作为领导应该明白，任何事业成功都是"人"的结果，特别是在知识经济时代，企业的竞争即是人才的竞争。所以，在选拔人才时一定要慎之又慎。

美国有一家公司，在新主管上任之前，老板总是先送他一个俄罗斯套娃玩具。这种玩具由10个娃娃组成，越往里层套娃越小，当打开到最底层的套娃时，只见里面留有一张纸条，上面写道："如果我们每个人都雇佣能力不如自己的人，那么我们的公司就会很快变成侏儒公司。但是，如果我们每个人都雇佣能力超过自己的人，那我们的公司就会变成巨人公司。"言下之意是作为管理者，必须重视人才，而不能压制人才，要把重视人才作为第一重要工作。

企业要用人，就必然要选人，要招聘人。然而很多进行人事决策的管理者，并不真正懂得选人。很多人都自认为自己是优秀的管理者，当管理者以此为前提选人时，就可能犯下严重的错误。卓有成效的管理者必然明白，自己不是别人的评判者，不能凭自己的直觉和感悟来雇佣员工，必须建立一套考察和测试程序来选人。

每个管理者都要清楚，个人的能力总是有限的，不能仅仅依靠个人的阅历和见识来评判人才。因为，每个人的行事方式和思维习惯都有局限性，容易对人形成偏见，所以，选择符合"口味"的人，可能恰恰就是一种错误决定。

由此我们可以看出，在选人上，必须采取谨慎、认真而又细致的态度。一个明智、科学的人事任命可以给公司带来宝贵的人力资源财富。人事决策水平的高低不仅决定了企业能否有序运转，而且也决定了它存在的使命、价值观以及目标能否实现。

实用指南

德鲁克认为，用人要用到位，要有利于提高企业的绩效。因此，人事任命是一项“赌注”，必须提高人事决策的有效性。国内很多企业，在选人用人方面需要吸取经验教训。海尔集团管理团队很年轻，平均只有26岁，但在海尔用人的过程中，很少出现大的失误，海尔有自己一套选人、用人方法和标准。可见，用人不在于形式，而在于成果，用对了，“赌局”就赢了。

悦读心得

德鲁克的这一思想对你有什么启示，请拿起笔，写下你的所感、所思、所得：

职位的要求要严格，而涵盖要广

管理精粹

合理的职位，是对具有才干的人的挑战。同时因为职位的涵盖很广，所以人们可以把与任务有关的优势转化为确实的成果。

《卓有成效的管理者》德鲁克

精彩阐释

德鲁克认为，合理的职位，是对具有才干的人的挑战。所以一个管理者在职位要求上应该尽量严格且内容涵盖广泛，精准把握员工的心理，充分调动员工的积极性，就可以使员工更积极的工作，把优势转化为确实的成果。

企业管理者应该认真思考这个问题：当公司给员工的资源够了，给的待遇够了，给的奖励也够了时，员工还追求什么呢？在微软，这个答案是唯一的，那就是开展挑战性的工作，实现飞跃式的发展。“比赛就是如何有效地配置最好的运动员。谁能够最合理地配置运动员，谁就会成功。这一点对于商业来说没有任何不同。”很多人在微软取得了成功。微软给予员工挑战性工作，员工通过卓越表现，使微软始终走在市场的前列。

实用指南

德鲁克认为，给员工以严格的要求和挑战性的工作，不仅能使员工在自我挑战中得到成长，将看不见的优势转换成看得见的工作成果，更能使企业在员工卓越成长中获得丰厚回报。企业管理者应该在如何设置更多合理职位、激发员工潜能上多琢磨、多下功夫。

悦读心得

德鲁克的这一思想对你有什么启示，请拿起笔，写下你的所感、所思、所得：

制定合理科学的考评制度

管理精粹

有效的管理者，通常总有他自己的一套与众不同的考评方式。

《卓有成效的管理者》德鲁克

精彩阐释

德鲁克认为，有效的、与众不同的考评制度，有助于员工工作绩效和工作技能的提高。通过发现员工在完成工作过程中遇到的困难和工作技能上的差距，制订有针对性的员工发展计划和培训计划，可以比较公平地显示出员工对组织做出的贡献的大小，据此可以决定对员工的奖励和报酬的调整。此外，通过成员的评估状况，也可以发现员工对现有的职位是否适应，根据员工绩效高于或低于绩效标准的程度，决定相应的人力资源变动，使员工能够从事更适合自己的工作。

在韩国，“三星人”是对三星公司员工的一种特别的称呼，而这种称呼正体现了三星企业管理思想。这种管理思想的核心就是强调员工的责任心。在一个企业中，每个人都有自己的角色：员工、主管、部门经理，等等。是什么支撑他们尽职尽责、加班加点地工作呢？通常认为答案是工资、奖金和福利。

在三星公司，从前台到部门经理，每个人拿的都是年薪，也就是所有员工每年拿的都是固定的薪酬，没有加班费也没有奖金，而年薪的等级和数量是一年考评一次，而后进行一次调整的。那么，到底是什么力量使三星的员工能做到全心全意、兢兢业业地做好自己的工作呢？三星人认为，在一个家庭中，每个人都有一个角色，比如丈夫（妻子）、儿女、父母等，是什么支撑他们为自己的家庭操劳、无怨无悔地投入和付出呢？是金钱吗？肯定不是。答案是爱与责任。

这正是三星倡导的“对自己负责”的员工精神。三星公司是这样解释的：“金钱刺激就像止痛药，只能是痛一下止一下，不能解决根本问题，而且容易产生依赖性。拿加班费来说，很多企业付加班费，但是他们无法杜绝员工拖延工作时间和进度来领取加班费这样的问题。而三星的员工加班完全靠自觉，他自己的工作没有做完，责任感会激发他加班完成工作，而没有加班费的刺激，员工就会尽量提高工作效率而不会养成拖延时间的习惯。”一旦出现了一些“责任心不强”的员工，三星也不会立即解聘他，而是通过教育劝导来使他改正。“即使是一些孩子有坏习惯或是犯了一些错误，那么家长也不会轻易说不要他，最主要的还是让他认识到自己的错误”，这也是三星“家文化”的一种体现。

孙立是三星中国某分公司的原料采购员，一次正常的采购完毕后，一家公司向孙立提供了一种质量非常好的原料，可是当时账户已经告急了。在三星公司，有一条对零售采购商至关重要的规则，即不可超支你所开账户上的存款数额，如果你的账户上不再有钱，你就不能购入新的商品，直到你重新把账户充满钱为止，而这通常要等到下一个采购季节。孙立知道，自己在评估上犯了严重的错误，如果他能在早些时候就备下一笔应急款，就可以抓住这个难得的机会。而此时他只有两种选择：一是放弃这批原料的购入，但这批原料质量非常好，非常适合三星公司的产品需要；二是向上级主管承认自己所犯的错误，并请求追加拨款。

正当孙立在办公室里左右为难的时候，主管碰巧进来。孙立当即对主管说："我遇到了麻烦，而这是我犯的错误所致。"接着他解释了发生的一切。尽管主管明白这件事完全是由于孙立没有做好评估造成的，但他深为孙立的坦诚和责任心所感动，很快设法为孙立拨来了所需货款，公司顺利地购进了这批原料，而孙立也从这次事件中吸取了经验和教训。

三星公司与众不同而充满人性化的考评制度，让员工在良好的氛围内成长，形成了一股强大的凝聚力和团结精神。这是一个管理者、一个公司难得的财富，它会推动公司往更高更好的方向发展。因此，制定科学合理的考评制度是一个管理者的责任，是对公司和员工的负责。

在很多优秀的公司，管理者都会向员工传达一个理念：业绩决定一切。不管你是名校出身，还是资历丰富，衡量你的都是同一套标准，你现在的表现比你过去的经历更重要。在这样的公司里，绩效考核总是服务于员工的成长。它们为员工提供表现自己的机会，员工随时都可以接受更大的挑战。

实用指南

虽然每个人都渴望得到赞美，但是绩效考核也不能变成庆功会，对于那些绩效水平较低的员工，管理者还是要提出批评和建议，以督促他们进步。不要担心一丁点的批评就会打击员工的自信，只要管理者能够站在员工的立场上，诚恳地提出看法和建议，员工肯定能够体谅到管理者的良苦用心。

悦读心得

德鲁克的这一思想对你有什么启示，请拿起笔，写下你的所感、所思、所得：

只有经得起绩效考验的人，才是可以提升的人

管理精粹

这样做（绩效考验）不但能开创一个有效的组织，也能够激发员工的热情和忠诚。

《卓有成效的管理者》德鲁克

精彩阐释

德鲁克认为，绩效，从管理学的角度看，是组织期望的结果，是组织为实现其目标而展现在不同层面上的有效输出，它包括个人绩效和组织绩效两个方面。组织绩效的实现应在个人绩效实现的基础上，但是个人绩效的实现并不一定保证组织是有绩效的。如果组织的绩效按一定的逻辑关系被层层分解到每一个工作岗位以及每一个人的时候，只要每一个人达成了组织的要求，组织的绩效就实现了。

他是英国成千上万推销员中普通的一员。但他又有与别人不一样的地方：他比任何人起的都早，别人只需要为工作准备一个小时，他却要花费两个小时，另外他还要花三个小时到达他要去的地点。不管多么痛苦，他都坚持着这段令人筋疲力尽的路程。工作是他现在唯一重要的事情。他的名字叫作比尔。

比尔的出生过程充满了悲剧色彩，他出生于1932年，母亲生他时，大夫用镊子助产时不慎夹碎了他大脑的一部分，导致他大脑神经系统瘫

痪，影响到说话、行走和对肢体的控制。伴随他成长过程的是别人对他的担忧，所有人都认为他肯定在神志上会存在严重的缺陷和障碍，福利机关将他定为“不适于被雇用的人”，专家也认为他永远也不能工作。

比尔的母亲是一位伟大的女性，她一直鼓励比尔做一些力所能及的事情，她一次又一次对他说:“你能行，你能够工作，能够自立！”比尔受到母亲的鼓励后，开始从事推销工作。他开始到处求职，由于身体缺陷的原因，很多公司都不愿意雇佣他，最后华特精斯公司接受了他，但也提出了一个条件比尔必须接受没有人愿意承担的波特兰、奥根地区的业务。虽然条件苛刻至极，但毕竟有一份工作了，比尔很高兴地答应了。

1959 年，比尔第一次上门推销，犹豫了 4 次，他才鼓起勇气按响门铃。第一家人拒绝了他，第二家、第三家也一样……但他坚持着，即使顾客对产品丝毫不感兴趣，甚至嘲笑他，他也不灰心丧气。终于，他取得了成绩，由小成绩到大成绩。

他每天花在工作及路上的时间得超过 16 个小时，当他晚上回到家时，已经是筋疲力尽，他的关节会痛，偏头痛也时常折磨着他。每隔几个星期，他会打印一份顾客订货清单。由于他只有一只手是灵活的，这项别人做起来非常简单的工作，他却要花去 10 个小时。随着他的工作深入，比尔逐渐赢得顾客的尊重和信赖，他负责的地区，有越来越多的门被他敲开，越来越多的人购买了他的商品，他的业绩也不断增长。在做到第 24 年时，他已经成为销售技巧最好的推销员。

20 世纪 90 年代，华特精斯公司已经有了 6 万多名推销员，他们是在各地商店推销商品，只有比尔一个人仍然是上门推销。许多人在打折商店整打整打地购买华特精斯公司的商品，因此比尔的上门推销越来越难，很多人建议比尔退休，但他仍然在坚持。

1996 年夏天，华特精斯公司在全国建立了连锁机构，比尔再也没有必要上门推销了。但此时，比尔成了华特精斯公司的“产品”，他是公司历史上最出色的推销员、最敬业的推销员、最富有执行力的推销员。公司以比尔的形象和事迹向人们展示公司的实力，还把最高荣誉杰出贡献奖给了比尔。比尔获得了人们的尊重和敬佩。

绩效是检验能力的唯一标准。一位员工能够将自己的工作做好，比别人做得更加精益求精，更加出色，这位员工就是一个有能力的人。所以，与其抱怨自己的命运，不如沉下心来，从现在的工作做起，积累更多有用的技能和经验，为今后的成长奠定基础。

实用指南

绩效考验是个人价值的体现方式，展示了一个人在其领域里的重要程度。德鲁克说，经得起绩效考验的人，才是值得提升的人。一个人表现优异，另一个人一事无成，他们的差异就是从绩效中看出来的。一个为公司创造很大价值的人，当然值得公司重用。

悦读心得

德鲁克的这一思想对你有什么启示，请拿起笔，写下你的所感、所思、所得：

最好的机会要搭配最有能力的人

管理精粹

最好的机会一定要搭配最有能力及绩效最好的人才。

《成果管理》德鲁克

精彩阐释

德鲁克认为，在最有能力的人才手上，机会才能发挥最大效用。受他的影响，通用集团前首席执行官韦尔奇将自己的工作实质定义为“向最优秀的人才提供最合适的机遇、最有效的资源配置”。

比尔·盖茨始终认为，微软的命运是由创新性产品决定的，而能否开发出高技术产品，关键在于有没有非凡创造力的人才，同时能不能为他们创造一个好的工作环境。微软公司负责招聘人才的凯瑞·泰比特说："招揽具有非凡创造力的人才是我们的最高原则。"因此，微软更加注重招聘顶尖人才。

微软不仅需要计算机领域内的顶尖人才，他们把选聘顶尖人才的范围扩展得更大，雇用了不少远远超出个人电脑领域的各类专家，其中包括哲学家、语言学家、民族音乐学家、电影特技专家等。盖茨说："如果要在软件开发上继续取得成功，我们还必须更多地理解外部世界，并从中汲取营养，使微软公司继续发展。"言外之意，他们要在创新机会上搭配最顶尖的人力资源。

将最好的机会、最关键的岗位、最重要的职责留给最有能力的人，这是优秀企业的一贯表现。

1978 年 7 月 13 日，李·艾柯卡被亨利·福特二世赶走。克莱斯勒公司董事长约翰·里卡多力邀艾柯卡加盟克莱斯勒公司，但艾柯卡是有条件的。艾柯卡现在要的是当自己的主人，他当第二把手的时间已经太长了。假如他接受克莱斯勒公司的工作，不出一两年一定要当第一把手，否则就不干。

这就是艾柯卡进克莱斯勒公司的平等谈判的要价。艾柯卡认为："除非我在管理方式上拥有完全的权力，我的政策才能付诸实施，否则，我去该公司之举就将成为一种人们受到挫折时所常采取的传统做法。"在这一点上，艾柯卡有自己的办事原则。

在艾柯卡的印象里，里卡多会让他当总裁，而艾柯卡自己当董事长。当他告诉里卡多自己的要求时，他发现自己想错了。"听着，"里卡多说，"我不打算干下去了。这里只能有一个领导的位置。如果你到我们这里来，那领导就是你。否则，我们就不会找这么多的麻烦来进行这些会见了。"里卡多知道自己的使命：那就是将拯救克莱斯勒的机会给予最有能力的人。艾柯卡是他眼中最好的人选。

在亨利解雇艾柯卡时，包括解雇费在内，福特汽车公司要给他 150 万美元。但是有一条很重要，福特汽车公司约束性很强的合同包括一项竞争性的条款，它规定如果他到另一家汽车公司工作就将丧失拥有这笔钱的权利。“不要为此担心，”里卡多决心已定，他说，“我们会全部补偿给你的。”

艾柯卡没有辜负里卡多的期望，很快便使克莱斯勒起死回生，重振昔日雄风。

从这个事例中我们应该看到，有才能的人最大的愿望就是发挥自己的才能。作为企业领导者，为了企业的长远发展和远大前程考虑，应该有里卡多这种主动让贤的胸襟与气魄，甘愿退居幕后的牺牲精神，让更有活力、更有才华的人引领企业跟上时代发展的新潮流。

实用指南

德鲁克认为，作为一个领导者，应该给那些有能力的人，最适合的高位，这才是对他们最好的尊重。任何一家企业要想让那些有才能的人为已所用，就必须把最高的位置留给他们，以显示你对他们能力的肯定和尊重。

悦读心得

德鲁克的这一思想对你有什么启示，请拿起笔，写下你的所感、所思、所得:

用更具挑战性的任务来激励员工

管理精粹

必须让员工感觉到他们的工作具有挑战性。

《管理的实践》德鲁克

精彩阐释

德鲁克认为，有挑战性但通过努力又可以胜任的工作，最能激发人的潜能。事实上，没有人喜欢平庸，尤其对于那些风华正茂、干劲十足的员工来说，成功的满足感需要由富有挑战性的工作来满足，这种满足感比实际拿多少薪水有更强大的激励作用。

盖茨及他的微软就特别善于给予员工挑战性工作，从而激发员工潜能。从1981年起，微软就开始开发Windows操作系统，欲以此与IBM的OS/2决一雌雄。但是令人遗憾的是，这个项目却迟迟无法完成。就在这时，鲍尔默跳槽进入了微软，微软于是将这个巨大任务给了他。

鲍尔默挺身而出，承担起开发的责任，全力监督，终于在1985年成功地把Windows3.0推向市场。这使鲍尔默声望大增。

其实，比照原定的推出时间，微软已经食言了。1985年春，微软没能在最后期限前研制出视窗软件时，盖茨曾气愤地说，如果视窗软件不能在年底前上柜台销售，他就要鲍尔默走人。这个挑战性的工作在很多人看来简直是一个不可能完成的任务。结果鲍尔默也不负盖茨所望，当年11月，Windows在千呼万唤之后终于登台亮相。

这就是微软的用人文化。“微软觉得，有一套严格的制度，你就会做一个很规矩的人，但你的潜力发挥到70%就被限制住了，微软要每个人都做到100%。特别是做软件，需要人的创造力，所以微软有一种激励的文化：如果你现在的情况能做到70%，那公司给你资源，公司给你方向，公司给你鼓励让你去达到100%。”

给予挑战性的工作，其背后隐藏的是对员工的重视。在玫琳·凯看来，一般人只发挥了能力的10%，能不能把人另外90%的潜能发挥出来，是一个企业能否成功的关键。而要发挥这90%的潜能，就要“使他感到他重要”。玫琳·凯说：“你若能使一个人感到他重要，他就会欣喜若狂，就会发出冲天干劲，小猫就会变成大老虎。”

美国玫琳·凯化妆品公司是具有25年销售经历的玫琳·凯女士在她

退休的那年创办的。短短20几年，这个公司由9名雇员发展到拥有雇员5000多人、年销售额超过3千万美元的大公司，并且在世界各地拥有20万人以上的经销网。很多人把玫琳·凯的成功当作一个谜。事实上，玫琳·凯的成功并不是什么神秘不可解之事，而正是她的"每个人都是重要的"、"使他感到他重要"这种激励艺术的感染力所致。

员工如果感到未被重视，工作积极性就会降低。每一位领导人都应该知道，每个人都是重要的，领导人应该让员工感觉到他的工作非常具有挑战性，这会鼓舞他们有更出色的表现，为组织的目标全力以赴。

实用指南

一份简单乏味的工作会让员工失去奋发向上的动力和兴趣。德鲁克认为，完成有难度和挑战性的工作，是一个优秀员工的最佳体现。所以应在工作中适当地安排有难度的工作，激发员工的潜在能力，让他们在工作中获得成就感和荣誉感，同时也能给公司在效益上带来成绩。

悦读心得

德鲁克的这一思想对你有什么启示，请拿起笔，写下你的所感、所思、所得:

第二篇

企业的生存、使命、责任

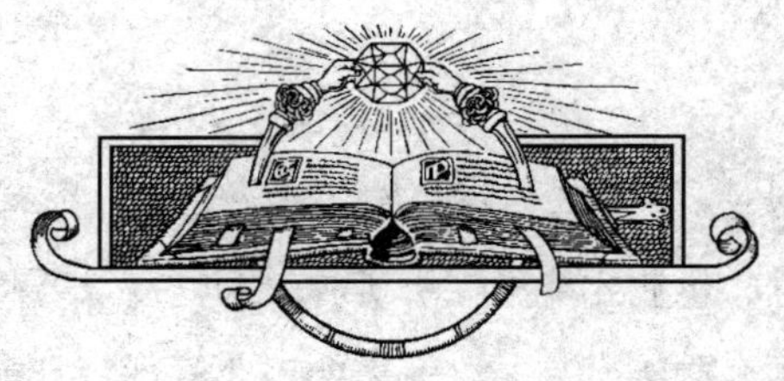

第一章

企业生存的唯一目的是引导顾客进行购买

站在顾客角度来思考经营

管理精粹

只有当顾客愿意购买商品与服务时，企业才能把经济资源转变成财富。

《管理的实践》德鲁克

精彩阐释

德鲁克说，什么是企业，这是由顾客决定的。只有当顾客愿意购买你的商品与服务时，企业才能把经济资源转为财富。要想使企业获得生存空间，就必须有顾客购买产品。这就需要企业管理者凡事都要站在顾客的角度思考问题。

李嘉诚在创业初期，工厂小资金少，为了占领市场、摆脱困境，他不断地思考如何能从顾客的角度出发，赢得市场。有一次，李嘉诚去会见前一天约好的订货商。那是在一家咖啡馆，李嘉诚和订货商对坐着。有那么几秒钟，他们都没有说话，而是默默地品尝着咖啡。接着，李嘉诚从手提包里拿出 8 种按照订货商的要求设计出来的精巧别致的塑胶花，放在外商面前。然后，李嘉诚诚恳地告诉订货商："先生，这 8 款塑胶花是我和公司设计人员昨晚一夜没睡按您愿望设计出来的，有 5 款我想基本符合您的要求；而另外3款，因为我考虑到您的订货是为圣诞节准备的，因此，在您的要求的基础上，再糅进一些东方民族的传统风味，我认为或许您会喜欢，所以全部拿来，供您挑选。”

李嘉诚明白自己资金不足的劣势，但他看准了这次薄利多销的机会。他敏感地预测到如能与这位订货商达成协议，那么长江工业公司不但可以脱离困境，而且还可以取得相当有利的竞争地位。因此，在设计产品时，他费了一番周折，仔细考虑了客户的要求，他认为，只有给客户带来最大利益，才能给自己带来利益。

李嘉诚接着说：“就我个人而言，我当然十分希望能够长期与您合作。长江目前虽没有取得足够的资金以及担保，但是我们可以给您提供最优惠的价格、最好的质量、最优的款式，并保证在交货期按时交货。而且，这8款塑胶花样品，如果您觉得满意，我愿意送给您，只是希望有机会跟您合作。”

这位订货商以惊讶而欣赏的目光注视着面前这位华人企业家，钦佩他竟然能在一夜之间设计8种款式的塑胶花供他挑选。订货商情不自禁地握着李嘉诚的手连声说：“了不起，年轻人，我同意跟你合作，你会干好的！”

这次成功使长江工业公司从此站稳了脚跟，并在中国香港塑胶企业内有了相当的竞争能力。

实用指南

只有满足顾客需求，引导顾客进行购买，才能救活企业，而只有站在顾客的角度，才能创造顾客。李嘉诚站在顾客的角度思考问题，急顾客之所急，充分考虑顾客的利益，从而留住了顾客，也使当时弱小的长江工业公司得以存活。

悦读心得

德鲁克的这一思想对你有什么启示，请拿起笔，写下你的所感、所思、所得：

产品能给顾客带来什么好处

管理精粹

顾客的唯一问题是：这对我有什么好处？

《成果管理》德鲁克

精彩阐释

正如人们常说的“不是环境来适应你，而是你去适应环境”的道理一样，企业在顾客面前唯一要做的事情就是要适应和满足顾客的需求。德鲁克说，企业所认为的是一个产品最重要东西性能或者他们在讲到“质量”时所指的那些消费者可能不太在意。顾客的唯一问题是：这对我有什么好处？

每年的5月，是安徽特产龙虾上市的季节。龙虾是许多人喜爱的美味。每到这个季节，合肥各龙虾店、大小排档生意异常火暴，每天要吃掉龙虾近2.5万公斤。但是龙虾清洗难的问题一直困扰着当地龙虾店的经营者。因为龙虾生长在泥湾里，捕捞时浑身是泥，清洗异常麻烦，一般的龙虾店一天要用2～3人专门手工刷洗龙虾，但常常一天洗的虾，几个小时就被顾客买完了，并且，人工洗刷费时又费力，这样又增加了人工成本。

海尔针对这一潜在的市场需求，迅速研制开发，没多久就推出了一款采用全塑一体桶、宽电压设计的可以洗龙虾的“洗虾机”，不但省时省力、洗涤效果非常好，而且价格定位也较合理，只要800多元，极大地满足了当地龙虾经营者的需求。过去洗2公斤龙虾一个人需要10～15分钟，现在用“龙虾机”只需3分钟就可以了。

就在2002年安徽合肥举办的第一届“龙虾节”上，海尔推出的这一款“洗虾机”马上引发了抢购热潮。上百台“洗虾机”不到一天就被当地消费者抢购一空，更有许多龙虾店经营者纷纷交订金预约购买。这款海尔“洗虾机”因其巨大的市场潜力获得安徽卫视“市场前景奖”。

在洗衣机市场，一般来讲，每年的 6 ~ 8 月是洗衣机销售的淡季。每到这段时间，很多厂家就把洗衣机的促销员从商场里撤回去了。张瑞敏很奇怪：难道天气越热，出汗越多，消费者越不洗衣裳？后来经过调查发现：不是消费者不洗衣裳，而是夏天里 5 公斤的洗衣机不实用，既浪费水又浪费电。于是，张瑞敏马上命令海尔的科研人员设计出一种洗衣量只有 1.5 公斤的小小神童洗衣机。小小神童洗衣机投产后先在上海试销，因为张瑞敏认为上海人消费水平高又爱挑剔。结果，精明的上海人马上认可了这种洗衣机。该产品在上海热销之后，很快又风靡全国。在不到两年的时间里，海尔的小小神童在全国卖了 100 多万台，并出口到日本和韩国。

张瑞敏曾说："我想任何一个企业做的产品，你卖的肯定不是这个产品，换句话说，用户要的绝对不是你这个产品，要的是一种解决方案……"张瑞敏总是根据用户的意见，从根本上把握消费者的真正需求，"永远不是为产品找用户，而是为用户找产品，真诚到永远"。

实用指南

事实证明，只有研制生产出真正满足消费者需求的产品，才能够赢得消费者的青睐，才能在市场中立于不败之地。

悦读心得

德鲁克的这一思想对你有什么启示，请拿起笔，写下你的所感、所思、所得：

顾客只会为自己的需求埋单

管理精粹

顾客之所以付钱，为的是购买自我需求的满足。

《成果管理》德鲁克

精彩阐释

德鲁克在谈到企业使命时，提出过一个问题，即:“顾客眼中的价值是什么？”事实上，这是一个关键性问题，但企业在经营管理中常常得不到重视。原因在于，大多数的决策者总以为他们找到了答案。他们总以为“价值”就是他们企业的“品质”，这是不对的，他们没有意识到顾客购买的是一种需要的满足，而并非产品本身。

为此，德鲁克特地举了这么一个例子来说明。他说，对于一个十几岁的小姑娘来说，一双鞋子的价值在于高级款式。鞋子必须“时髦”，价格只是次要的考虑因素，而耐用性根本不具有什么价值。几十年以后，这位姑娘成了一个年轻的妈妈。高级款式就成为一个限制条件了。她不会购买那些非常流行的东西，但她会考虑的可能是耐用性、价格、舒适和合脚，等等。同样一双鞋子，对于十几岁的小姑娘来说是一种热门货，而对于比她年龄稍大一些的姐姐来说，却可能价值不大。

由此可见，顾客所购买的，从来就不是一件产品本身，顾客购买的是一种需要的满足，购买的是一种价值。但是，制造商却不能制造出价值，而只能制造和销售产品。所以，制造商认为有“质量”的东西，对于顾客来讲可能是不需要的东西。

美国制鞋企业高浦勒斯公司，在20世纪80年代初期遇到了很大的经营困难。对市场和营销颇有研究的弗兰西斯受命于危难之际，担任公司的总经理，主持产品开发和市场营销。

弗兰西斯认为，在现代市场日益激烈的竞争中，特别是在美国，经济已经十分发达，百姓生活富足，人们买鞋不再是为了御寒防潮。因此，必须制造富有个性、形象鲜明独特的产品，才能吸引消费者，广开销售渠道。

经过仔细调查研究后，弗兰西斯果断要求设计人员以“销售感情胜于销售鞋子”为宗旨，充分发挥每个人的想象力，设计出多种多样、富于个性的鞋来刺激人们的购买欲望。

在这一崭新的营销理念下，该公司在市场上推出了“男性情感、女性情感、优雅感、野性感、沉稳感、轻盈感、年轻感”等各种主题的鞋子。弗兰西斯还为这些类型的鞋子都取上稀奇古怪的名字，如“袋鼠”、“笑”、“泪”、“爱情”、“摇摆舞”等，令人回味无穷，公司也因此取得了巨大的成功。

可见，管理者的经营理念要从产品销售走向“需求销售”。

实用指南

变者赢，不变者衰。任何企业首先得考虑的问题就是：谁是我们的顾客？顾客在哪里？给顾客带来的价值是什么？只有把这些考虑透了才能把握住市场经济的脉象。只有满足了顾客需求，产品才能有更好的销路，企业才能发展得更好。

悦读心得

德鲁克的这一思想对你有什么启示，请拿起笔，写下你的所感、所思、所得：

顾客要的是满足，不是低价

管理精粹

顾客是为了满足需求而购买，所以不同的产品出现时，对他们而言，它们只不过是满足需求的不同产品而已。

《成果管理》德鲁克

精彩阐释

什么是企业粘住消费者选择的万能胶呢？在德鲁克看来，显然，是满足消费者的需求。消费者不会忠诚于某一产品或者企业，他只会忠诚于自己的需求。只有从解决客户的需求入手，用更好地满足客户的需求的策略占据客户的心，才能让客户把自己的企业放在优先选择的位置，对竞争产品进行有效拦截。

李艾华是一家商场的团购经理，极其善于挖掘客户的根本需求，然后予以满足，赢取订单。一天，某高级中学的后勤部的刘经理打来电话，要求购买能够加热的名牌名厂饮水机。放下电话后李艾华开始思索这件事情：“虽然这个学校经常在自己这里买东西，但据自己掌握的情况，这个学校自身有热水供应系统，为什么还要买能够加热的饮水机？”于是，他找来负责人了解情况。原来这家学校的打开水处离学生宿舍有一定距离，很多学生偷懒，就在宿舍里用电热烧水器烧水。这对学校来说，是一个巨大的安全隐患。

李艾华彻底明白了学校订购饮水机的目的了。实际上学校领导是为了消除学生们在宿舍内使用电热烧水器的隐患。由于这是这家学校首次采购饮水机，刘经理没有任何经验，所以李艾华必须承担起挑选、推荐产品的责任。李艾华意识到，必须了解哪些要素决定了饮水机的质量。于是他利用网络搜集相关信息，用了半天的工夫就了解了影响饮水机寿命的要素。另外，他又打听到，这个学校将在今年建设新的教学大楼，现在对各项费用控制很严，价格也是学校选择的重要考虑因素。

在经过多个品牌和多个产品的对比后，李艾华选择了一款品牌知名度高、声誉好、价格低廉的产品。他带着这款饮水机和另外一款普通的饮水机来到刘经理办公室，将挑选产品的过程详述一遍，然后把两款饮水机的价差报给刘经理。随后又问该学校新楼的规划情况，暗示为刘经理节省费用的考虑。刘经理会心地笑了，说：“还是你能为我们着想。哈哈，那么马上签协议吧！”

从这个例子我们可以看出，李艾华在接到业务后，首先考虑的不是刘经理需要什么，而是首先弄明白他为什么会有这种需求。

实用指南

很多企业把低价当作吸引顾客的武器，虽然向顾客提供物美价廉的产品是正确的，但在竞争激烈、市场信息越来越透明的今天，关于产品价格、质量等信息已经被顾客充分了解，可留给企业做文章的余地越来越小，所以，满足客户的需求是比低价更好、更为重要的策略。

悦读心得

德鲁克的这一思想对你有什么启示，请拿起笔，写下你的所感、所思、所得:

管理者应时常与顾客零距离接触

管理精粹

了解顾客并不容易，但与他们进行近距离接触是最好的方法。

《下一个社会的管理》德鲁克

精彩阐释

德鲁克说，无论做哪一行，管理者都需要时常到市场上走动。任何企业想要彻底地了解顾客，都是一件很困难的事情。这是为什么任何优秀的企业都看重市场调查的原因。尽可能了解有关顾客的信息，是企业管理者必须长期坚持的一项重要工作。任何重要的信息都隐藏在顾客群体当中。

增强顾客对公司商品的信任度和兴建超级商场，是克罗格杂货与面包公司安然度过大萧条和反连锁店运动的两张王牌。到1935年，公司已拥有50家超级商店。第二次世界大战结束后，约瑟夫·霍尔出任克罗格杂货与面包公司总裁。这位以创新著称的人揭开了公司发展史上新的一页。

霍尔将公司更名为克罗格公司，并一下子引进45种公司专卖商标，以加深顾客对公司商品的印象。顾客调查活动是霍尔亲自主持的一项重大改革措施。霍尔坚持认为:“对公司发展什么商品、增加哪些服务、使用什么销售手段等问题最有发言权的是顾客。”

为此，他在所有现金出纳机旁安装了顾客“投票箱”。顾客可以把自己对克罗格公司的意见和建议投入箱中，如需要哪种商品、哪种商品应如何改进、需要什么专项服务，等等。每一张“票”上都留下顾客的姓名和联系地址，一旦该顾客的建议被采纳，他就可以终生免费在克罗格公司的商店里享受该种服务或购买该种商品，还可以获得公司赠予的优惠折扣消费卡，在购买任何商品时都享受减价优待。

“投票箱”深受顾客欢迎，提建议者络绎不绝。克罗格公司就根据顾客的建议对症下药，使公司每一项新出台的措施、每一种新上市的商品都一炮打响。公司的经营覆盖区域扩大到得克萨斯、明尼苏达和加利福尼亚。1952 年，其销售额突破 10 亿美元大关。

1960 年，克罗格公司根据顾客的建议，在商店中增设药品柜台，大获成功。1962 年，又根据顾客的建议开设了折扣商店，这种商店的装修极为简陋、服务项目少得可怜，顾客完全像是进入一家堆满货物的仓库去自行挑选。由于减少了经营管理费用，所以这里的商品价格都格外便宜，牢牢吸引住了具有庞大购买力的工薪阶层。到 1963 年，克罗格公司的年销售额达到了 20 亿美元。

詹姆斯·赫林于 1970 年就任克罗格公司的总裁。赫林把公司设立的顾客“投票箱”称为“科学的市场调查法”，他要求公司的员工要“像满足情人的要求那样”去满足顾客的要求。克罗格公司的企划、广告、革新都是根据顾客的意愿来进行的。例如，克罗格公司率先在易腐烂商品的包装上注明有效期、推出无污染的“绿色食品”、在富强粉食品中增加面粉精加工过程中易损失的营养物质等。

克罗格公司之所以能够赢得顾客的长久信赖，获得持续成功，关键就在于公司的高层与顾客的零距离接触。只有接触顾客，才能更好地满足顾客的需求，克罗格公司深谙这一道理。

克罗格公司这一系列动作说明：必须摧毁过去的产品开发体制，变

“向顾客推销产品”为“顾客需要什么，我们就开发什么、生产什么”，进而发展到“顾客还说不清需要什么，我们已经送上产品，让他获得意外的惊喜”。所谓“市场营销不是卖，而是买”，讲的就是这个道理。

实用指南

把握市场需要，不断推陈出新，是企业竞争胜利的关键所在。尤其对那些只经营单一产品的企业而言，不断推出迎合目标顾客口味、具有时尚概念的新产品，能够使企业在同行业中总处于领先地位。

悦读心得

德鲁克的这一思想对你有什么启示，请拿起笔，写下你的所感、所思、所得：

让顾客觉得物超所值

管理精粹

只要二手车的售价能够保持在较高的水平，顾客就无法拒绝以旧换新，提高消费档次的诱惑。

《管理：使命、责任、实践》德鲁克

精彩阐释

德鲁克认为，顾客都是极其理性的，只有能够获得更多的价值，他们才愿意掏空钱袋。因此，任何企业不仅要满足顾客的价值概念，还要想方设法超过顾客的价值期望，让顾客感到物超所值。

让顾客感觉物超所值，牵涉到一个重要概念：顾客价值。顾客价值是从消费者的感官为出发点的概念，它是指顾客从购买的产品或服务中所获得的全部感知利益与为获得该产品或服务所付出的全部感知成本之间的对比。如果感知利益等于感知成本，则是“物有所值”；如果感知利益高于感知成本，则是“物超所值”；感知利益低于感知成本，则是“物有不值”。

某软件公司销售人员向北京一家贸易公司财务部部长推销一款财务软件。这款软件定价为 3600 元，部长觉得价格有点高，一直为是否购买而犹豫不决。

看到这种情况，销售人员决定为这位部长算下一笔账。他问部长："部长，对账费时间吗？不知道您这边是经常需要对账，还是偶尔才需要对一次账呢？"

部长表示，由于这家贸易公司是大型卖场和厂商的中间商，需要在财务上每天和卖场及厂商进行核账。一天起码有 3 个小时的时间是用在核账上面。部长对此很苦恼。

于是销售人员就趁机说："我们这款软件的授权使用时间是 10 年，也就是大约 3600 天，平均下来每天的成本才是一元钱。而这一元钱对公司来说，可以忽略不计，而对您的意义可就大为不同。它等于让您每天空出 3 个小时的时间。您觉得值不值？"

部长肯定觉得值，等到销售人员刚把话说完，立即决定购买一套。

从销售技巧上来看，销售人员最后使客户欣然接受了这款软件的价格，是因为巧妙运用了"除法原则"。

实用指南

营销界流传一句话，顾客要的不是便宜，要的是感到占了便宜。当顾客觉得占了便宜，就会爽快地掏钱包。企业管理者及营销人员要在产品价值上多做文章，通过抓住让消费者"心动"的关键点，使消费者在心理上产生物超所值的愉悦感和满足感。

悦读心得

德鲁克的这一思想对你有什么启示，请拿起笔，写下你的所感、所思、所得:

第二章

用短线心态经营，势必付出昂贵代价

成长过快，死亡也快

管理精粹

成长过快绝对是企业经营的一种危机。任何组织的规模在短期内迅速扩大了一倍或者两倍，这就代表着组织扩张的速度超过了它原本使用的企业认知的限度。

《巨变时代的管理》德鲁克

精彩阐释

企业在创建以后，成长是一个必经的过程，然而，过分追求成长的速度无异于自找死路。管理行为因其具有艺术性，因此追求动态的平衡便成为经营成长的动力。

五谷道场于2005年11月面市，2006年在全国销售额迅速做到5亿多元人民币，荣登年底“第五届中国成长企业100强”的榜首。可惜的是，其成长性犹如涨潮一样，来得快去得也快，最终因资金链断裂而深陷困局，难逃被人收购的命运。反观五谷道场从快速增长到快速衰落的发展轨迹，我们在扼腕的同时，更应该反思和引以为戒。

20世纪末，河北邢台人王中旺先生在家乡隆尧县创业，创建了河北中旺食品有限公司，也就是中旺集团的前身。2004年年中，王中旺决定打造一个新的品牌，以实现产品从中低端向高端的扩张和延伸，当年10月，五谷道场注册成立。

2005年年年初，为了打造自己的高端品牌，同时也为了有别于康师傅等方便面巨头，五谷道场在品牌价值上出奇制胜，“拒绝油炸、留住健康”、“非油炸、更健康”等概念被迅速推出。由于当时油炸食品致癌风波闹得正欢，已经让消费者颇感恐慌，所以五谷道场的横空出世可谓恰逢其时，自然在市场上引起了强大的震动。

五谷道场“非油炸”广告开始在央视和地方电视台及各类平面媒体上狂轰滥炸，上市前3个月，五谷道场就在各城市选择高档社区、写字楼、学校、车站码头、交通要道进行大规模免费派送。五谷道场开始红遍中国，上市当月即获得600万元的销售额，之后一路增长，市场一天比一天好。半年后，五谷道场市场全国铺开，每月回款达3000万元左右。当时，公司上下无不陶醉在差异化的胜利之中。

在五谷道场的强烈攻势下，2006年方便面行业销售下挫60亿元，之前销售淡季行业开机率为75%，而2006年2月后开机率仅为45%。面对大好形势，五谷道场不断扩大销售队伍，增加产能，加大广告投入，并且同时在全国30多个城市设立办事机构，半年内员工数量曾一度扩展到2000多人。原本仅有几十个人的北京本部，居然在很短的时间内建立起一支近千人的销售团队。

但这时的五谷道场已经埋下隐患。根据中旺集团内部人士对媒体透露，五谷道场的财务控制过于粗放，严重透支了企业资源。“我们是中型企业在做大型企业的事情。”就连掌舵人王中旺也曾对媒体承认，“我们已经投资了4.7亿元，仅广告费就支出1.7亿元。”真正形成现金流的只有3亿元，这使得五谷道场的现金流开始吃紧。2007年中期，五谷道场在全国各地超市相继出现了断货现象，五谷道场这个品牌逐步退出市场，中旺集团只好吞下失败的苦水。

企业的发展仅靠规模扩张是不够的，规模扩大到一定程度，应放慢发展速度，使企业有个喘息的机会。这是客观事物发生和发展的必然。针对这一问题，企业应把好两个“关”：一是企业发展速度要与企业管理水平相适应。企业发展速度太快而相应的企业管理水平未能提高、人才培养等跟不上，就有可能造成管理滑坡，影响企业经济效益。二是企业发展速度与企业资金的调转速度相适应。如果资金不能及时回笼，公司没有足够的资金支持企业的发展速度，企业将因为发展过快而陷入被动。

实用指南

物极必反，成长过快，失败也快。企业成长过快，一方面是因为市场环境给予机会，另一方面是企业管理者主观上过于追求发展速度和规模。中国有句古话，叫作“欲速则不达”，很多企业因为急于扩张，谋求企业的快速发展，如意算盘没打成，却赔了夫人又折兵，造成资金链断裂，最后导致企业崩溃。

悦读心得

德鲁克的这一思想对你有什么启示，请拿起笔，写下你的所感、所思、所得：

资源配置要着眼于未来

管理精粹

只强调利润，将会误导管理者，以至于危害企业的生存。

《管理的实践》德鲁克

精彩阐释

德鲁克认为，目光短浅的管理者会为了今天的利润而破坏企业的未来，他们会将各种资源集中在目前最好的产品线，而忽略对有潜力的业务和潜力市场的投资。

在全球经济一体化的今天，所有企业都面临着高新技术、信息化和全球化的挑战。市场竞争的频率越来越快，企业在发展到一定程度之后，应该着眼于未来进行战略调整。这是一个趋势。竞争日益激烈的市场，要求企业要善于为未来布局，企业只有着眼于未来利润进行资源配置，才能赢得未来。

2007年，万科的新标志取代了伴随它走过19年的老标志。这时人们都已经淡忘万科曾经是一家以电器贸易起家的多元化公司。1993年万科的业务曾遍及十多个行业领域。

当时万科希望到香港发行B股却因为业务线过长而受到讥讽。然而这样一个苦苦探索的企业，在选择了一条正确发展道路后终于获得了成功，万科董事长王石可谓功不可没。

王石曾感慨地说："从海拔8844米的高度俯瞰能看到什么？其实，登顶那天云雾弥漫，可见度很低，啥都看不到。做企业比登山更难。两者不同在于，一个是丈量自己的高度，一个是丈量企业的高度。两者相同在于，在信念和目标下，定位自己的脚步，选择正确的路线前行。"

1993年春节后，当其他企业认为"不能将鸡蛋放在同一个篮子里，需要多产业发展，广区域布局"时，王石发现，万科利润的30%来源于房地产。在他看来，房地产这一块并非最大利润，但是它的发展速度却是最快的。于是，王石带领万科的管理层找了个安静的地方召开会议，大家既不谈指标，也不谈利润，而是提出将房地产作为公司的未来发展方向。

这个发展方向在业内引起广泛争议。而王石始终认为将来的市场发展趋势是专业化。他一步步减掉万科正在赢利的各种业务：零售、广告、货运、服装、家电、手表、影视等。曾经长袖善舞的万科选择轻装上阵，单盯着一条住宅开发的路往下走。

2008年，在他提出专业化发展的第十四年，万科成为中国房地产行业内的龙头老大，其发展规模之大令其他企业难以抗衡。王石也成为最有影响力的商界人物之一。

同样的事件在知名企业里并不鲜见。在市场不断变化的过程中，对于企业而言，做加法也好，做减法也好，都是适应市场的需要。一个具有全球战略眼光的企业家，会对自己产品在全球的地位随时进行动态分析，然后确定自己的核心竞争力在哪儿，自己做什么产品，保持什么样的品牌战略。

实用指南

不着眼于未来进行思考，必然被未来所抛弃。正如德鲁克所言，只强调利润将会误导管理者。管理者只有突破对短期利润的关注，从更长远的角度来审视企业的资源布局，才能使企业基业长青。

悦读心得

德鲁克的这一思想对你有什么启示，请拿起笔，写下你的所感、所思、所得:

一味追求高利润，会危害企业的生存

管理精粹

一味地追求高利润，是企业可持续发展时不该出现的极端行为。

《变动中的管理界》德鲁克

精彩阐释

追求利润是每个企业都不能忽视的目标，但企业不能一味强调利润，领导者管理企业必然要平衡各种需要和目标，利润只是一种比较重要的目标，企业为了战略需要、长远发展，不会把利润作为第一目标。过度强调利润，就会使管理者重视短期利益，为了今天的利润，不惜牺牲明天的生存。一个不择手段的企业很难建立信誉，一个只重视眼前利益的管理者也很难取得大的成就。所以德鲁克把一味强调赢利看成是管理中最愚蠢和糟糕的办法。

不强调赢利性，本质上体现的是管理者的一种品格和修养，一种眼界和视野。

第一次世界大战期间，有一位奥地利的先生非常喜欢美术作品，他拼命工作、节衣缩食，就是为了多收藏几幅名画。皇天不负有心人，数十年后，从伦勃朗、毕加索到其他著名画家的作品，他应有尽有，收藏颇丰。

这位先生早年丧妻，只有一子。时光流逝，奥地利卷入战争。他依依不舍地送走了远赴战场的儿子。两个月后，他收到了一封信，信上说："我们很抱歉地通知您，令郎在战争中牺牲了。"儿子是为了背回受伤的战友，而被敌人的子弹打中。这个消息对他而言无异于晴天霹雳。

老人一下子苍老了很多，终日在家发呆。就在此时，有一个年轻人登门造访。原来他是老人的儿子舍命搭救的战友。年轻人说："我知道您爱好艺术，虽然我不是艺术家，但我为您的儿子画了一幅肖像，希望您收下。"老先生泪流满面，他把画挂在大厅，对年轻人说："孩子，这是我最珍贵的收藏。"

一年后，老先生郁郁而终。他收藏的所有艺术品都要拍卖，消息传开，各地的博物馆馆长、私人收藏家及艺术品投资商们纷纷慕名前来。

拍卖会上，拍卖师坚持先拍卖老人儿子的画像。他说："这幅画起价100美元，谁愿意投标？"会场一片寂静。他又问："有人愿意出50美元吗？"会场仍然一片寂静。这时有一位老人站起来说："先生，10美元可以吗？我虽然没有多少钱，但我是他的邻居，从小看着画中的孩子长大，说实话，我很喜欢这个孩子。"拍卖师说："可以。10美元，一次；10美元，两次；好！成交！"

会场立刻一片沸腾，人们开始雀跃，认为名画的拍卖就要开始了。拍卖师却说："感谢各位光临本次拍卖会，这次的拍卖会已经结束了，根据老先生的遗嘱，谁买了他儿子的画像，谁就能拥有他所有的收藏品。"

所有把利益放在第一位的人，都不能得到那些珍品。

作为管理者，当然不能相信天上会掉馅饼，更不会认为"天下会有免费的午餐"，既不能指望偶然的机遇，也不能完全靠利润来支撑。只考虑赢利的企业，必定是做不强、做不大、做不久，也无法让顾客信任的企业。

不以利润为目标，就避免了企业为了追求利润而失去绝佳的商业机会这种情况的发生。一个伟大的公司当然也需要赚钱，但是光会赚钱的公司不是伟大的企业。

实用指南

很多企业家在刚开始创业的时候，就把为众人服务作为奋斗的目标。譬如比尔·盖茨，他在创业之初就已经把“让千万人都用得上电脑软件”作为目标；譬如山姆·沃尔顿，他发誓要建立一种既便利又廉价的商业形态，沃尔玛成为实现他这一理想的工具。当然，光有使命感的企业是不行的，必须产生财富，这样，企业创造的价值才得到人们的认可。

悦读心得

德鲁克的这一思想对你有什么启示，请拿起笔，写下你的所感、所思、所得：

用短线心态经营，势必付出昂贵代价

管理精粹

用短线心态经营企业，势必付出昂贵的代价。

《变动中的管理界》德鲁克

精彩阐释

在德鲁克眼里，利润都是有陷阱的，尤其是短期利润的诱惑，常常会使企业丧失了获得长期利润的源泉。这是因为对短期利润的追逐会使企业的有限资源越摊越薄，越来越稀释主业的供给。在日益专业化的竞争中，每个产业链上都汇聚了大量虎视眈眈的竞争者，企业最终会因为资源分散而遭受失败。

顺驰集团的失败就是个典型。1994年，孙宏斌在天津成立顺驰公司，主要从事房地产中介业务，一年后将业务范围扩展到房地产开发。2002年顺驰首次异地开发房地产，由此顺驰集团进入快速发展阶段。

2003年9月，顺驰在上海、苏州、石家庄、武汉等地获取项目，迈出其全国化战略的坚实一步；同年10月，第一个异地项目“顺驰·林溪乡村别墅”在北京正式亮相；同年12月，顺驰取得了北京大兴黄村卫星城1号地的开发权。

2004年，顺驰实现了100亿元的销售目标，储备的土地面积达1200万平方米，员工急剧膨胀到8000人，同时开发着35个项目。短短10年间，顺驰已发展成为中国房地产行业中极具影响力的企业，累计操作房地产项目57个，销售面积近500万平方米，累计实现销售收入近200亿元。

但顺驰良好的发展势头并没有持续太久。2004年的疯狂扩张导致其2005年的销售收入必须达到100亿元才能弥补现金流不足的状况。不幸的是，2005年顺驰只有80亿元的现金回款，资金链迅速紧张。与此同时，国务院为控制日益高涨的房价出台了一系列宏观调控政策，顺驰重点投资的华东地区深受调控影响。其中，华东的重点项目苏州凤凰城的销售骤然下跌，每个月2亿元的销售回款任务几乎没有实现过，最差时每个月只能完成1000多万元，欠苏州政府的土地款高达10亿元。

面对日益恶化的形势，顺驰开始自救，但谋求的多渠道融资进展却不顺利。随着上市梦想的破灭，顺驰只好接受被收购的命运。2006年9月5日，顺驰中国控股有限公司以人民币12.8亿元出让其55%的股权给香港上市公司路劲基建有限公司；2007年1月23日，路劲基建有限公司宣布再投13亿元收购顺驰近40%的股权，从而持有顺驰近95%的股权。曾经辉煌的顺驰神话就此破灭。

德鲁克提出的追求最低限度的利润，即是企业稳定发展的真谛，也是对那些高速发展企业的忠告。市场也是讲究平衡的，当企业开始为追求高额利润而进行规划时，事实上你已经开始失去捕捉未来商机的机会。企业的资源和条件是有限，当所有资源都在为追求高额利润努力时，企业也就全部或者部分放弃了对未来商业机会的关注。

实用指南

每家企业都应该把目光放得更长远，每位管理者都应该使自己的眼光更开阔，管理者如果只顾眼前利益，终有一天会自食其果的。

悦读心得

德鲁克的这一思想对你有什么启示，请拿起笔，写下你的所感、所思、所得：

资金与人员的分配决定着企业收益

管理精粹

企业资金和人才的分配，决定着管理者能否成功地将业务知识转化为行动，也决定着企业能否获得收益。

《永恒的成本控制》德鲁克

精彩阐释

德鲁克说："企业资金和人才的分配，决定着经理人能否成功地将业务知识转化为行动，也决定着企业能否获得收益。"对于企业资金的分配，经理人要事先了解资本投资的情况，找到市场的空白点。

作为一名成功的领导应该知人善任，让自己的下属去做他们适合的事情，这样才能充分发挥他们的工作潜能，实现组织人力资源的有效利用。

李嘉诚手下有两员大将——霍建宁和周年茂，针对两人的不同特点，李嘉诚对他们做了不同的安排。霍建宁毕业于香港大学，随后留美深造。1979 年学成回港，被李嘉诚招至旗下，出任长江集团会计主任。他利用业余时间进修，考取了英联邦澳洲的特许会计师资格证。

李嘉诚很赏识他的才学，也发现霍建宁是一个策划奇才，却不是一个冲锋陷阵的闯将，于是在 1985 年任命他为长江集团董事，两年后提升他为董事总经理，让他在幕后工作。

不会闯荡不等于没有才干，外界媒体称霍建宁是一个"全身充满赚钱细胞的人"。长江的每一次重大投资安排，如股票发行、银行贷款、债券兑换等，都是由霍建宁策划或参与抉择的。

为了发挥霍建宁的长处，李嘉诚较少派他出面做谈判之类的工作，而是给了他一副新的担子，为李嘉诚当“太傅”，肩负培育李氏二子李泽钜、李泽楷的职责。

周年茂是长江元老周千和的儿子。周年茂还在学生时代时，李嘉诚就把其当作长江未来的专业人士培养，并把他和其父周千和一道送赴英国学习法律。

周年茂学成回港后，顺理成章地进入了长江集团。李嘉诚发现他做事干脆，口才很好，指定他为长实公司的发言人。

1983 年，回港两年的周年茂被选为长江董事，1985 年与其父周千和一道荣升为董事副总经理。当时，周年茂才 30 岁。

周年茂虽然看起来像一位文弱书生，却颇有大将风范，指挥若定，调度有方，临危不乱，该进该弃都能够把握好分寸，收放自如，这一点正是李嘉诚最放心的。后来周年茂升任副总经理，顶替移居加拿大的盛颂声，负责长江的地产发展。

周年茂上任后，负责具体策划，落实了茶果岭丽港、蓝田汇景花园、鸭利洲、海怡半岛等大型住宅屋村的发展规划，顺利实施了李嘉诚的计划，从而以自己的能力赢得了李嘉诚的信任。李嘉诚将更大的重任托付于他。

李嘉诚善于识人，又能够把人才放在适当的位置上，这是他的高明之处，也是他管理好下属的一个良方。有许多领导者常感叹手下无人可用，其实在很多时候不是手下没人，而是没有把人放在正确的位置上。

实用指南

仔细审视一下你所在公司的资金和员工的分配政策，看看它们是否达到了你的预期目标。如果没有，则应尽快修改分配措施。

悦读心得

德鲁克的这一思想对你有什么启示，请拿起笔，写下你的所感、所思、所得:

第三章

卓越，就是为企业寻找核心能力

成就来自于卓越

管理精粹

成就来自于卓越，伟大的企业或产品必定在某一方面甚至多方面超越对手。

《成果管理》德鲁克

精彩阐释

德鲁克认为，成就来自于卓越，伟大的企业或产品必定在某一方面甚至多方面超越对手，有许多企业还必须在不止一个领域中达到超过一般的水平。但是，要真正掌握市场给予经济回报的那种知识，就需要集中将几件事情做得格外出色，只有卓越才能成功。

2005 年以前，美的微波炉、紫微光微波炉和蒸汽紫微光微波炉等一样，虽然试图通过产品功能的创新为自己觅得一条不一样的路，但在格兰仕的攻击下，难有进展。直到获得国家专利的“食神蒸霸”的问世，美的拥有了“蒸”的功能。“食神蒸霸”可以做诸如剁椒鱼头、清蒸大闸蟹等传统蒸菜，打破了此前微波炉的局限，不再只是加热工具。

自微波炉发明以来，一直横亘于行业面前的最大难题是，用微波炉直接加热的食物脱水严重、营养流失严重、口感也不好，而“食神蒸霸”的成功推出，解决了这个问题。用微波炉蒸菜，无明火、无油烟，不但解决了厨房清洁难题，还可以实现智能化控制，而且与明火蒸食物相比，最大限度地减少了消费者用于烹饪的时间。此后，美的微波炉走上了提升微波炉价值、共享价值链，从而回归商业本原的道路，通过不断技术改进，赋予产品甚至整个行业新的价值。

2007年5月“美的微波炉美食节”开展，美的微波炉的普通员工使用美的微波炉做出了八大菜系的近百道菜肴。正是凭借“蒸”的功能所创造的创新价值，使美的微波炉从价格战中冲杀出来。高强度的理念引导和品牌宣传，令美的微波炉取得了销量大突破。2008年全年销售突破了550万台，接近600万台。

由此可见，只有出色才能超越对手，才能获得市场的青睐。

实用指南

成就来自卓越，任何平庸都不能换来经济回报。企业要想获得成功，不是干过多少事，而是干成多少事，尤其是在哪几件事上做得极端出色。

悦读心得

德鲁克的这一思想对你有什么启示，请拿起笔，写下你的所感、所思、所得:

技术领先是核心竞争力

管理精粹

核心优势就是能将企业的特别能力与顾客所重视的价值有机地结合在一起。

《21世纪的管理挑战》德鲁克

精彩阐释

在德鲁克看来，产品竞争主要包括价格和技术两个方面，在利润越来越透明的市场环境中，价格已经不是核心手段。不断的技术创新支持的差异优势，才是企业保持长久市场竞争优势的重要途径。因此，企业应把发展更核心的竞争力技术领先，放在最重要的位置。

1998 年，人们惊诧地发现，北欧小国芬兰有一家名叫诺基亚的公司，其手机销售量超过了全球通信巨无霸摩托罗拉，一跃而成为移动电话制造业中的世界冠军。诺基亚能取得今天的成就，应该归功于时任总裁的乔马·奥利拉。但诺基亚能从生产胶鞋等传统产品转型为一家高技术公司，却不能不提到前任总裁卡瑞·凯雷莫。

1977 年，凯雷莫被任命为诺基亚新总裁。在他的率领下，诺基亚成功地把简陋的无线通信器，发展成为一种成熟的移动通信系统，也就是早期的大哥大。诺基亚开发出来的大哥大，具有许多实用性优点，很受市场的欢迎，成为诺基亚的一个赢利点。

于是，凯雷莫把目光瞄准了当时那些供不应求的产品家用电器、计算机、BP 机等，他开始四处扩张，先后购买了德国的电视机生产厂、瑞典的计算机公司、美国的传呼机公司。他的莽撞为诺基亚的发展带来了麻烦，在强大的日本索尼、荷兰飞利浦、美国 IBM 等竞争对手面前，诺基亚节节败退。

更为不利的是，美国通信巨人摩托罗拉只花了很短的时间，就在无线通信技术上后来居上，研制出了第一代手机模拟机，并大批量生产，使唯一能给诺基亚带来赢利的大哥大产品在市场上处处碰壁，公司业绩下滑，并开始亏损。股东们怒气冲冲，不断向凯雷莫施加压力。凯雷莫不堪重负，在 1988 年 12 月 2 日选择了自杀。

1990 年 2 月，诺基亚董事会想把手机生产业务卖掉，他们找来刚刚上任的手机部负责人 38 岁的奥利拉。奥利拉阻止了董事会的决定。在手机研发部的项目档案中，他发现诺基亚有一个没被注意的为 GSM 标准开发相应手机产品的项目。尽管当时 GSM 远不是一个成熟的数字化手机通信标准，但奥利拉顿时凭直觉，认为它很可能成为继模拟方式之后的第二代手机标准。

1992 年，奥利拉被任命为诺基亚的新任总裁。上任后，他做的第一件事就是调兵遣将，他把新生代那些有创新精神并与他同时期进诺基亚的年轻人放在了 GSM 手机研发位置上。他们全力推进 GSM 通信标准手机的研发和生产，不断扩大着诺基亚的技术优势。

1993 年年底，局面渐渐明朗，欧洲各国先后开始采用 GSM 数字手机通信标准为新的统一标准。诺基亚趁机把它精心准备的突破性产品 2100 系列手机推向市场。这种手机采用了新潮的数字通信标准，音质清晰而稳定，机身小巧玲珑，大受市场欢迎。

1994 年，诺基亚终于在美国成功上市，吸纳到大量投资。奥利拉乘胜追击，在追求更完美的技术的同时，高举“手机不再是昂贵奢侈品，而是一种时尚装饰物和易用工具”的旗帜，和对手展开了创新速度、设计和价格的大赛。凭借领先的技术优势，诺基亚手机平均每隔 35 天就推出一个新品种，并且带动手机价格在数年内一再下跌。至 1998 年，诺基亚取得全面胜利。在全球手机市场份额中，它一举拔得头筹，占总份额的 22.5%。

诺基亚的成功说明了技术领先就是企业最大的优势。凯雷莫时代的大哥大，一度在技术上领先于对手，结果这种优势不被重视，很快被摩托罗拉超越；奥利拉没有让这种悲剧重演，在取得领先地位之后，时时创新，一直保持领先，始终使自己在市场竞争中保持领先地位。

实用指南

企业管理者应该知道，通过技术创新赢得市场地位实际上比防守一个已有的市场地位要稳妥得多。只有技术领先，才可能实现持续领先。

悦读心得

德鲁克的这一思想对你有什么启示，请拿起笔，写下你的所感、所思、所得：

成为多个领域的领先者

管理精粹

巴克公司在每个领域内都握有一小部分药品，并且这些药品都是具有明显优势的。

《管理学案例》德鲁克

精彩阐释

在谈及巴克公司的战略目标时，德鲁克说："巴克公司在每个领域内都握有一小部分药品，且这些药品都是具有明显优势的，并对提高临床医学水平发挥着举足轻重的作用。"德鲁克说这句话的目的是为了告诉我们，任何一家成功的企业除了在一个领域内做得极端出色外，还要精通其他的知识领域。

珠穆朗玛峰之所以成为地球之巅，是因为它是矗立在喜马拉雅山之上，盘基广大的高原之上的。假如把它建立在河海平原上，8000 多米的高峰是难以存在的，犹如无源之水易于枯竭。对于企业，亦是如此。

作为世界上最为重要的电信设备供应商之一，华为集团取得的成绩已令很多同行企业难以望其项背。在华为集团，48% 的员工从事研发工作，截至 2008 年 6 月，华为已累计申请专利超过 29666 件，连续数年成为中国申请专利最多的单位。华为技术有限公司加入了 ITU、3GPP、IEEE、IETF、ETSI、OMA、TMF、FSAN 和 DSLF 等 70 个国际标准组织。华为担任 ITU-TSG11 组副主席、3GPPSA5 主席、RAN2/CT1 副主席、3GPP2TSG-CWG2/WG3 副主席、TSG-AWG2 副主席、ITU-RWP8F 技术组主席、OMAGS/DM/MCC/POC 副主席和 IEEECaGBoard 成员等职位。

华为持之以恒对标准和专利进行投入，占据未来技术的制高点。在 3GPP 基础专利中，华为占 7%，居全球第五。2008 年 2 月 21 日，据世界知识产权组织（WIPO）报道，华为2007年PCT国际专利申请数达到1365件，位居世界第4，较前一年上升9位。前三名的企业分别是松下、飞利浦和西门子。

华为总裁任正非要求华为突破对单个产品的迷信和依赖，能够为客户提供“整体产品”。在2006年的北京国际通信展上，华为重点展示涵盖移动产品、固定网络产品、光网络产品、数据产品领域、无线终端产品、数据产品领域、业务与软件等全面的系列产品及解决方案。产品的深度延伸，使得华为的市场空间进一步扩大。

只精通一种技术是远远不够的。任正非提出的整体产品思想，就是要求华为不仅要在一个产品领域领先，还要在多个产品领域内领先。在这种思想的背后，是任正非的忧患意识：尽管华为拥有很多在国际市场上具有很强号召力的产品，但如果华为对这些产品产生依赖，那么它还能够持续领先吗？答案显然是不能。忽略已经取得的成就，追求还未攀登的高峰，只有这样，企业才能走在市场的前列。

实用指南

大多数行业都有一个或几个企业处于市场领导者的地位，这些市场上的领先者不断受到其他企业的挑战，为了保持领先地位，有三种领先者战略可供选择：

1. 扩大市场占有率。一般来讲，市场占有率和企业的赢利能力之间存在一种正比关系，赢利能力随市场占有率的增加而增加。但是在到达一定限度以后，盲目追求市场占有率，会导致成本的上升。

2. 扩大总需求。这主要表现在寻求现有产品的新用户、新用途以及更多的使用量上。

3. 维持现有市场占有率。领先者必须通过有效的防守和进攻战略，积极反击竞争对手对现有市场的争夺。最好的措施是根据市场的发展变化，不断创新。在采取这种积极进攻措施的同时，领先者还要选择不同的防守战略。

悦读心得

德鲁克的这一思想对你有什么启示，请拿起笔，写下你的所感、所思、所得：

新技术将越来越呈现出扩展管理领域的趋势

管理精粹

两栖动物时代的巨大爬行动物，它们试图用细小而集中的神经系统来控制庞大的身体，结果必然是难以适应环境的突变。

《管理的实践》德鲁克

精彩阐释

德鲁克认为，新技术将越来越呈现出扩展管理领域的趋势，最大限度地分权已成为新技术的客观要求。任何一个企业，如果只靠集权来治理经济，必将自行灭亡。

"分权"是权力分配的一种形式，指领导者为了更好地实现领导目标而借助他人或集体的力量去推动工作的进行。同时领导必须对下属的力量科学使用，赋予明确的职责，才能达到预期的目标。

对领导者来说，权力不应是"守财奴"手中的金钱，而应是实现团队目标与个人目标的工具。只有穷汉才需要亲自操作属于自己的每一件工具。作为领导者，应该找到合适的人，将权力这种"工具"放心地交给他使用。从更高的现代领导艺术的要求来说，领导者应让自己的每一位追随者都得到权力这种"工具"。也就是说，让每一位团队成员具备"自我领导"能力。领导自己则可以集中 100% 的精力处理 20% 的大事，用二八原则，当然能够应付自如了。如此好钢用在刀刃上，厚积而薄发，不失为管理上策。

强生公司是泰诺药品、邦迪牌创可贴、强生婴儿爽身粉和其他许多产品的制造商。它有着长期的分权历史，被认为是“使分权发挥有效作用的一个典范”。它的分权开始于20世纪30年代，166个分别注册的公司被授权独立经营。

强生公司在20世纪90年代调整其分权系统以消除那些通过最高管理层更多的协调可以避免的代价昂贵的错误。公司也曾因为各独立部门重复设置许多职能造成了高制造成本。总裁拉尔夫·拉森引入了在保持最基本分权的同时，通过财务控制系统重组的方法，加强对各独立部门行为的协调。

IBM公司则相反。它原是一个高度集权的企业，开始于1988年并在1991年后期展开的重组是IBM历史上最为剧烈的分权，其目标是将IBM分割为大量经营部门，这些经营部门彼此独立运作，使IBM公司成为一个“全体所有，但在营销、服务、产品开发和制造公司方面又有着或多或少自主权的企业”。

在赋予其管理人员较大的自主权的同时，IBM也给他们执行自主权施加一定压力，如必须在利润额上体现他们的经营成果等。IBM公司新的组织机构包括13个不同的业务部门，其中9个为制造和开发部门，4个为营销和服务部门。13位经理都将从7个方面计量其目标业绩，这7个方面包括收入增长率、利润、资产报酬率、现金流量、顾客满意程度、质量和员工士气，实现业绩目标的将获得重奖。IBM公司希望能通过改组激发起员工的潜能和创造性。最后，公司在1994年扭亏为盈，这表明努力已初见成效。

通用电气公司有13个独立的“战略经营部门”。在国际上，通用电气公司的德国竞争对手西门子公司也有分立的部门，而且每个部门都有自己的总裁和董事会。

随着企业经营的日益复杂化和多样化，企业大型化、跨国化和多角经营化的趋势越来越明显，致使企业内部的经营管理日趋复杂。为了保证领导者可以抽出时间处理那些事关大局的事情，采用分权的手段不失为一个好的手段。

但要真正做到分权，不是件容易的事，贝尔电话公司有一句格言说得很好："领导者要做一件必须做又很难做的事，就是不管他们，还他们充分自由。"话说得可能有点绝对，可是其基本精神是十分正确的。因为领导者在分配权力的时候，要遵循的主要原则有：职权一致，责权对等原则；层级分明，权责明确原则；科学合理，相互制约原则；知人善任，大胆放权原则。尤其是最后一条，就是领导者要给予受权者充分的活动空间，而不应事事插手，横加干涉。作为领导者只要抓输入（决策）、比较输入和输出（目标和结果）就足够了，这就是"只管两头，不管中间"的黑箱原理。

领导者可以通过常见的分权方式，如金字塔式、矩阵式、职能式、授权式，获得一个组织为适应新条件所必须具备的一切品质。另外，权力分配还可以巩固和扩大领导者的权力。权力的巩固在于逐渐取得所有下属对其权力的承认。对权力予以分配，可以先使权力分配对象承认和接受你的权力，他们又会影响各自的下属承认你的权力。分权还是一种融用人用权于一体的领导艺术。西方哲人说：用人是领导的最高艺术。用权是领导者所有领导活动的保证，是用人的前提。

钢铁大王卡内基有这么一句话："把我的所有的工厂、设备、资金、市场全部拿走，但保留我的人员和机构，四年以后我将仍然是一个'钢铁大王'。"作为一个现代领导者，应该最能够适应任务和环境的需要，应该对作用对象、领导任务的性质、上下级的特点和要求等有深刻而全面的认识，从而创造出合乎管理规律的有效的运筹方式和管理机制。

实用指南

权力是一把双刃剑，不管是采取集权还是分权，企业都应该有相应的管理工具和方法与它相配套，尤其是在分权的过程中，制度约束和文化平衡是一种重要的保障。不恰当的集权与不恰当的分权，都会对企业造成严重的伤害。只有控制住大的风险，才能达到集权和分权的相对平衡。总的来说，领导者应该谨慎从事，采用逐步缓慢放权的“渐进”方法，在放权的过程里，根据反馈信息及时调整偏差，合理地逐步放权，而不要希望立竿见影。

悦读心得

德鲁克的这一思想对你有什么启示，请拿起笔，写下你的所感、所思、所得：

研究对手，复制其优势

管理精粹

管理要对对手进行认证研究：这家企业的优势有哪些？在哪些方面表现得极为出色？

《巨变时代的管理》德鲁克

精彩阐释

研究对手是为了复制对手的优势，从而实现超越。德鲁克说，研究对手要回答出两个核心问题：是哪种优势能够让这家企业在市场竞争中脱颖而出？而这些优势又可运用到哪些方面？

鸿海集团是全世界EMS（电子组装制造）产业中的老大，其他竞争对手难以望其项背。但是，鸿海的日子也并非高枕无忧，先前每年30%的高增长态势已一去不返，投资者由追捧开始变得摇摆。

据统计，2007年11月至12月下旬，鸿海集团包括鸿海、鸿准、富士康及群创等公司，市值蒸发了8000亿元新台币。这其中的根源就在于鸿海的商业模式被对手成功复制。

以富士康为例，作为全球最大的手机代工厂，最近几年遭遇了比亚迪的强势冲击，后者从富士康手里抢走了大量订单，使富士康的未来市场空间面临着严峻考验。

比亚迪早期从手机电池起家，逐步建立手机生产技术，并锁定以富士康为目标，打进诺基亚，成为富士康之外的第二大供货商。由于比亚迪的产品价格明显较富士康有优势，三星、摩托罗拉、诺基亚、索爱、TCL、海尔、华为、飞利浦等电子巨头逐渐成为比亚迪手机的代工客户。

比亚迪的商业模式与富士康非常接近，从2003年起，比亚迪进入了手机代工领域。截止到2008年2月，该公司的业务涵盖手机电池、手机代工及汽车生产领域。尽管富士康曾经表示，之所以比亚迪这几年发展非常快，就是因为它采用整批挖角的方式，复制了富士康的商业模式。但从商业竞争的角度上来说，复制对手的成功经验本身就是一种很好的竞争手段。

不仅富士康如此，据媒体报道："鸿海旗下的群创公司整合上游面板、关键零组件、下游监视器及电视的做法，在过去面板产能过剩时，创造了一个奇迹。不过，现在这一模式也受到越来越多的挑战，类似群创的整合商业模式也一一出现，例如友达与佳世达、奇美与冠捷，以及华映与唯冠等，它们的结盟，也让群创的领先优势不再明显。"

连鸿海本身也遭到了强有力的挑战。过去，通过横向并购，以及从模具、机壳、零部件到组装制造等上下游的垂直整合模式，鸿海打造了一个强大的帝国版图，显示出了强大的威力，把全球其他EMS大厂、国内ODM（原厂委托设计制造）厂商逼得气喘吁吁。

然而，也就几年时间，鸿海成功的商业模式就被竞争对手成功复制。例如在EMS厂部分，早期曾遥遥领先鸿海的伟创力，自2005年龙头地位被鸿海超越后，它也开始"研究"鸿海，包括收购旭电、华宇计算机的笔记本计算机生产线，还入股驱动IC设计公司联合聚晶，这些购并及整合动作，无一不是针对鸿海而来。从各自财报看，2006年伟创力的营收为188亿美元，旭电为115亿美元，两者相加约为303亿美元，与鸿海的385亿美元仍有一定差距，但它们之间的整合，有望从鸿海手中抢回EMS

的龙头地位。

鸿海的商业模式已被竞争对手成功复制，这对鸿海构成了极大威胁。如果我们站在比亚迪、伟创力的角度来进行思考，就会得出这样的结论：复制对手是赢得竞争的重要捷径。复制对手是跟随者及后来者所采取的一种必要的竞争手段。采用这种手段，就能事半功倍，轻而易举地实现后来者居上。

实用指南

通过复制对手的经验，使自己减少了学习成本；复制对手的优势，能够使自己在短时间内获得和对手叫板的资本，即便不能顷刻之间削弱对手，也能让其不至于一花独放。

悦读心得

德鲁克的这一思想对你有什么启示，请拿起笔，写下你的所感、所思、所得：

第四章

如果还无法成功，就另辟蹊径

如果无法成功，就另辟蹊径

管理精粹

第一次失败后，再努力一次。如果还无法成功，就另辟路径。

《非营利组织管理》德鲁克

精彩阐释

德鲁克认为，决策者在实施战略时会遇到各种各样的难题，成效也不能马上显示出来。这时需要应对的法则便是，“第一次失败后，再努力一次。如果还无法成功，就另辟路径”。首次实施某一战略时，通常不能达到预期效果，这时，要静下心来，反复思考，总结经验，精心准备。然后再进行第二次尝试，如果结果还是不尽如人意，那么就要果断地另辟蹊径。

英特尔公司彻底放弃存储器市场，则充分体现了其适时变革、毫不犹豫地走向未知领域的决心和信心。

20 世纪 70 年代，英特尔是半导体存储器芯片市场上的当然领导者。虽然英特尔公司输赢参半，但是英特尔代表着存储器，存储器也意味着英特尔。然而到了 20 世纪 80 年代初，日本的存储器厂家以势不可当的力量登台竞争。它们的开发能力使人震惊，甚至有传闻说它们正在秘密研制一种百万比特的存储器；顾客还发现日本存储器的质量显著优于美国同类产品；日本公司还在资金上占有优势，据说它们获得了大量政府拨款。总之，一切都变得那么可怕。而英特尔不过是加利福尼亚州的一家小公司，它已经明显处于劣势。公司总裁安德鲁·葛洛夫形容："我们奋力拼搏，改进质量，降低成本，但日本厂家也展开了还击。更糟的情况来临了，1984 年的秋天，业务急剧衰退，好像再也没有人愿意买存储器芯片了，我们的订单如春雪一般消失无踪。接着只好缩减产量，但它的速度怎么也跟不上市场的滑坡，仓库的货物还在不断堆积。"公司不断地开会、争论，却没有达成任何协议。"我们迷失了方向，在死亡的幽谷中徘徊。"英特尔将何去何从，是生存还是灭亡？

一年后，也就是 1985 年的一天，葛洛夫正在办公室意志消沉地与董事长哥顿·摩尔谈论公司的困境。葛洛夫朝窗外望去，问哥顿："如果我们下台了，另选一名新总裁，你认为他会采取什么行动？"哥顿犹豫了一下，答道："他会放弃存储器的生意。"葛洛夫把头转回来，目不转睛地看着哥顿，终于说了一句："我们为什么不走出这扇门，然后回来自己动手？"

放弃存储器业务这件事在公司里反复地商量，明里暗里反对的人越来越多，这毕竟是公司的核心业务，让一个市场的领导者离开市场，就如同让演员离开舞台一样，令人痛苦。在一次吃饭时，下属问葛洛夫："你能想象没有存储器的英特尔公司吗？"葛洛夫勉强咽下一口饭，说："我想我能。"四座立刻哗然。最后公司终于下定决心：从领导层到整个企业，都彻底放弃存储器。当他们把这个决定通知客户时，一些人说："你们下这个决心可花了不少时间啊！"葛洛夫这才意识到，与公司没有情感牵扯的人，早就看出英特尔该走哪条路了。还有公司雇员，他们甚至比高层领导更早知道这种结果是不可避免的，很快就投入到新产品的开发中。

此后，英特尔迅速转向了微处理器的全力研发和生产，变革的阵痛很快过去。英特尔公司恐怕没有想到，正是 20 年前那次痛苦的抉择，成就了今天计算机心脏的骄人业绩，英特尔浴火重生的经历终于使它成为电脑芯片业的巨子。

想想看，哪个企业愿意放弃自己在行业内的领导者位置呢？这种选择需要一种勇气，因为没有人知道在下一个陌生的市场，我们要从头再来，需要如何面对。然而，如果不选择，企业遭受的损失会更大。在一个市场空间已经极其狭窄的领域，何必要固守阵地，而不抓紧撤退，保存实力呢？英特尔为了实现转型，花了三年时间，尽管经历了痛苦的抉择，但毕竟使公司站到一个新的起点。在面临艰难抉择时，领导者如果犹豫不决，就会失去变革的大好时机，市场一旦有变，就会被无情地抛弃。

实用指南

德鲁克提示企业管理者，把自己和自己公司正在拼命征服的穷山恶水看作死亡之谷，只能成功，不能失败，不然就意味着灭亡。它是战略转折点中的必经之地。你无处可逃，也无法改变其凶险的面目，你唯一能做的就是坚定自己的目标，想出有效的办法来克服它，从而引领企业走向更大的辉煌。

坚定目标就需要放弃没有前景的任务，需要把资源集中在成效上，需要进行有系统的行动。简而言之，就是要进行“企业体重控制”。如何做到这一步？这就需要管理者要敢于决策，敢于清除“过去”的羁绊。

悦读心得

德鲁克的这一思想对你有什么启示，请拿起笔，写下你的所感、所思、所得：

半个面包总比没有面包好

管理精粹

半块面包总比没有面包来得好。

《卓有成效的管理者》德鲁克

精彩阐释

德鲁克认为，管理是一项复杂的工作，所以要用到复杂的办法，比如妥协。在具体的管理工作和决策时，有时要求管理者能够做到必要的妥协和适当的让步。

德鲁克强调，妥协是决策的常态。一个不会服从命令的士兵不是一个好士兵。同样的，一个不会妥协的决策者不是一个好的决策者。一个优秀的决策者是不会把自己的决定强加给下属的，他总是想办法争取他们的支持，减少决策的阻力，为决策执行营造良好的内部环境。罗斯福总统就是这方面的典型。

罗斯福总统还是纽约州州长的时候。有一次，为了使各党派的成员们相互合作，完成他们最不赞成的改革行动，罗斯福运用他的妥协技巧，非常成功地达到了决策目标。

当任命一些重要职务时，罗斯福请各党派推举候选人。最初他们所提的人选，大都是各党派中令人瞩目的人物，但罗斯福知道这些人极难得到议会的同意。

于是他们举行第二次推举，选出的人在各党派中各有其地位。罗斯福仍然请他们考虑有没有更适当的人选，免得送交议会时被否定。

第三次他们推举出比较合适的人，罗斯福向他们表示诚挚的谢意，感谢他们的协助，但请他们再仔细地考虑一下。第四次的人选和罗斯福心目中所预期的名单非常接近。罗斯福再一次向他们道谢后，就发表候选名单，请议会行使同意权。

这种决策方式的目的，就是让选举者参与决策，并使他们把决策视为自己的贡献。罗斯福对他们说："因为你们的缘故，我决定让这几位担当重任，我希望你们能对我有所交代。"

作为决策者，罗斯福充当了一个引导者的角色，为了达到自己预想中的决策目标，他尽量采取对方的意见，使对方认为决策是他们的贡献。

这样，通过求同存异的办法，双方意见一致而达到了决策目标。

决策者首先要学会正确地妥协。其次要学会理解对方，学会换位思考，学会站在对方的立场上进行决策。

1929 年美国经济大萧条时期，大多数中小企业都倒闭了，一个名叫西尔的人开的齿轮厂订单也是一落千丈。西尔为人宽厚善良，慷慨体贴，交了许多朋友，并与客户都保持着良好关系。在这举步维艰的时期，西尔想找那些老朋友和老客户出出主意、帮帮忙，于是就写了很多信。可是，等信写好后他才发现，自己连买邮票的钱都没有了！

这同时也提醒了西尔，自己没钱买邮票，别人的日子也好不到哪里去，怎么会舍得花钱买邮票给自己回信呢？可如果没有回信，谁又能帮助自己呢？西尔认为，只有先想到别人的困难，别人才会帮自己解决困难。

于是，西尔把家里能卖的东西都卖了，用一部分钱买了一大堆邮票，开始向外寄信，还在每封信里附上 2 美元，作为回信的邮票钱，希望大家予以指导。他的朋友和客户收到信后，大吃一惊，因为 2 美元远远超过了一张邮票的价钱。大家都被感动了，他们回想起西尔平日的种种好处和善举。

不久，西尔就收到了订单，还有朋友来信说想要给他投资，一起做点什么。西尔的生意很快有了改观。在经济大萧条中，他是为数不多站稳脚跟而且有所成的企业家。

西尔为什么在经济危机中能够成功呢？因为他先想到别人的困难，站在别人的立场上决策。决策者容易局限在自己的思路中，总是考虑自身利益，结果反而达不到目标。

决策者必须善于妥协，如何妥协是一种决策的技巧，决策者必须通过实践，学会在决策中运用别人的智慧，从而提高自我决策水平。

当然，决策者必须明白，妥协不是服从，服从就是执行命令，妥协则是决策上的让步。优秀的决策者绝不会在涉及价值观等核心问题上让步。妥协是对对方的尊重，尊重对方的文化、价值观及利益。总之，妥协是决策中必要的让步，妥协是为了实现共赢。

实用指南

管理者在进行妥协的决策时，一定要具体情况具体分析，尽量找出自身与竞争对手的平衡点。管理者要以争取企业利益最大化为目的，如果实在不能兼顾，也不要伤害到企业的核心利益。

悦读心得

德鲁克的这一思想对你有什么启示，请拿起笔，写下你的所感、所思、所得:

利用对手的失误击败对方

管理精粹

日本柔道大师的高明之处，就在于他们能从对手的自以为是和沾沾自喜中寻找力量。

《创新与企业家精神》德鲁克

精彩阐释

利用对手的失误击败对方是一种非常高明的战略方式。德鲁克认为，柔道大师能从对手的自以为是和沾沾自喜中寻找力量，这就是他们的高明之处。因为他们比任何观众都清楚，对手的攻击战略大都建立在自己的优势技术之上。这样一来，他们发现对手对自己这种优势技术的持续依赖，只会使他毫无防备可言。

瑞士一直有着“钟表王国”的美称，在钟表领域称雄两百多年。1979年，日本媒体传出的一个消息让瑞士人觉得十分不舒服，日本媒体声称日本钟表的产量已超过瑞士，是当时名副其实的钟表王国。这让许多一直唯瑞士钟表是瞻的许多局外人大为不解：制作精良、名声早已远扬的瑞士钟表怎么会成了日本钟表的手下败将？

事情原来是这样的：日本钟表获胜的原因，在于其大量生产的电子表。本来电子表也是瑞士人最早发明的，但是强调技艺的瑞士钟表制造商们对这些能够量产的电子表并看不上眼。另外，他们对工业化生产的电子表的商业开发并不成功，尽管瑞士钟表的名声冠誉全球，但他们在中低端钟表市场上的商业表现并不能使人信服，中低端市场空间一直未被充分挖掘。与之相反，电子表的市场空间却被日本人敏锐地捕捉到，他们积极主动地开拓电子钟表市场，通过精准的市场定位和杰出的商业运作，日本不仅在钟表数量上超过了瑞士，而且还从中获得了丰厚利润。

瑞士人自然不甘心位居第二，他们开始反击，他们一方面是利用其技术优势，将电子表不断改良，研制出比日本钟表更准确、更精细的电子表，有效阻击了日本人的进攻；另一方面是继续强化高档表的开发，赋予电子表更高的品位感，从而在层次上与日本生产的手表进行区分。经过三年的反击，瑞士终于重新夺回了钟表的王者位置。

尽管瑞士重获王者称号，但不得不承认，正是它先前在中低端市场上的拙劣表现，才给了日本钟表厂商可乘之机。很多钟表专家表示，日本钟表业要想重新崛起，还需要对瑞士进行二次拜师，那就是要学习瑞士的精细化制作。从瑞士与日本的竞争中可以看出，充分利用竞争对手的成功或失败既体现出商业智慧，更是超越对手的捷径。

需要提醒管理者的是，根据兵力优势原则，要想战胜竞争对手，必须将兵力集中，形成一定的优势。如果企业将资源分散，在多条战线上展开进攻，即使能够取得小范围或者一时的胜利，却始终不能有效建立起长期、稳固的胜利。资源是制定战略的基础，根据资源制定战略目标，集中优势兵力促进目标达成，他们会将资源集中于利用现有战术能够实现的目标上，而不是那些看似宏大，实则空洞的幻想之上。

实用指南

由于对手的存在，我们能够在一次次的竞争中学会反思，变得成熟，逐渐走向强大。对手的存在不仅是压力，更多的是一种动力。任何一个希望变得更强的组织都应该正视对手，正视竞争。在竞争中成长，比对手更优秀，就能超越对手。而利用对手的成功或失败，就是一种很有效的竞争方法。

悦读心得

德鲁克的这一思想对你有什么启示，请拿起笔，写下你的所感、所思、所得:

一次只做一件事

管理精粹

一个管理者能完成许多大事的秘诀就在于一次只做一件事。

《卓有成效的管理者》德鲁克

精彩阐释

德鲁克说，如果卓有成效还有什么秘密的话，那就是善于集中精力。卓有成效的管理者总是把重要的事情放在前面先做，一次做好一件事情。这是提高效率的好方法。

很多人试图一次完成几件事情。但是研究表明，成功人士一次只做一件事。他们知道，这样做比没头没脑地围着几件事转更节约时间。

每周三是医学专家王医生出诊的日子。由于他的医术高明，因此很多人都是慕名而来的。每个星期三，医院里都会聚满了来自不同地方的患者，他们早早地排起长队，急切地等待着。

对于王医生来说，工作的紧张与压力可想而知。他有时就一个问题与同一个患者重复三四次。令人不可思议的是，这位身材瘦小、戴着眼镜、一副文弱样子的王医生，看起来一点也不紧张，人们都很佩服他面对大量缺乏耐心和意识混乱的患者时，仍然能表现出让常人很难想象的镇定自若。

在他面前的患者，是一个矮胖的农村妇女，头上戴着一条头巾，已经被汗水湿透，她的脸上充满了焦虑与不安。王医生倾斜着上身，以便能倾听她的声音，“你哪里不舒服？”他把头抬高，集中精神，透过他的厚镜片看着这位妇人，“不舒服时间持续多久了？”

这时，有位穿着入时、戴着昂贵首饰的女子，试图插话进来。但是，王医生却旁若无人，只是继续和这位妇人说话：“你确信是间歇性疼痛吗？”“是的，大夫。”“是进食以后比空腹时更加疼吗？”“不，恰好相反。”他点点头说：“我给你开一个处方，每天吃四次，每次吃两粒。”“你说的不是每天三次，对吗？”“是的。”“四次？”“是的，四次。”

妇人转身离开，王医生立刻将注意力移到下一位时髦女患者身上。但是，没多久，那位妇人又回头来问一次：“你刚才说是四次，对吗？”这一次，王医生集中精力在下一位患者的身上，不再管这位头上扎丝巾的妇人了。

有人不解地询问王医生：“能否告诉我，你是如何做到保持冷静的呢？”王医生这样回答：“我并没有和所有的患者同时打交道，我只是单纯处理一位患者。忙完一位，才换下一位。在一整天之中，我一次只能为一位患者服务。”

其实在更多的时候，“质”远远比“量”更为重要，与其拿100个60分，还不如得60个100分。尽管它们的和都是6000分，但实际上差别可真是太大了。如果你是公司的管理者，你每天做许多事情，但却每件事都是马马虎虎，别人看待你充其量不过是个60分的人。相反，如果你能集中精力，不贪心，一次只做一件事情，并且能把它做得十分完美，那么别人看待你，就会是个100分的人。

实用指南

怎样才能保证在同一时间内，专心做好一件事呢？首先，要下定决心，明确目标，最好在记事本上写下自己的想法，随时提醒自己；其次，在工作的过程中，要善于摆脱干扰，把自己的全部精力集中于此。

悦读心得

德鲁克的这一思想对你有什么启示，请拿起笔，写下你的所感、所思、所得：

将企业的劣势化为机遇

管理精粹

将企业的劣势转变为机遇，必将遭遇来自企业内部的阻力，因为它意味着打破惯例。

《成果管理》德鲁克

精彩阐释

德鲁克说，企业管理者一定不要总把精力放在昨天的危机上而牺牲掉明天的机遇。我们应该看到，危险可以转化为机遇，机遇也可能在危险中丧失，没有绝对的危机，也没有永恒的机遇。正是危险与机遇的如影随形，才让我们真正认识到企业管理与经营的大智慧、高境界。

美国强生曾因成功处理泰诺药片中毒事件赢得了广泛赞誉，被树立为危机管理的典型。

1982 年 9 月，媒体曝出芝加哥地区有人服用泰诺药片中毒死亡的严重事故。刚开始被曝只有 3 人死亡，坏消息迅速传遍美国，大家都相互传说全美各地死亡人数高达几百人。强生公司陷入空前危机。

强生公司立即组织危机应对小组对所有药片进行检验，在全部近千万片药剂中，发现所有受污染的药片只源于一批药，总计不超过 75 片，并且全部在芝加哥地区，而最终的死亡人数也确定为7人。强生公司仍然按照公司制度中最高危机方案，即“在遇到危机时，公司应首先考虑公众和消费者利益”，不惜花巨资在最短时间内收回了所有的泰诺药片，并花数百万美元进行赔偿。

将公众和消费者利益放在最重要的位置，强生的这一做法获得了公众的认可和谅解，最终挽救了强生公司的信誉。但是不可避免的是，泰诺的市场份额猛然下降。事情过去后很长一段时间，强生公司并没有将新生产的泰诺药片投入市场，尽管市场需求随着事情被淡忘而逐步回升。

强生不急于推出泰诺，是有考虑的，当时美国各地政府正在制定新的药品安全法，要求药品生产企业采用“无污染包装”。强生公司看准了这一机会，立即率先响应新规定，采用新包装的泰诺一经上市，立即大受欢迎，一举挤走了它的竞争对手，仅用5个月的时间就夺回了原市场份额的90%。原本一场“灭顶之灾”竟然奇迹般的为强生迎来了更高的声誉，这得益于在危机中发现良机。

与强生公司不同的是，罗氏公司曾经在危机管理中错误频频。

2003年2月，国内某重要报纸发表文章对达菲的不良反应进行质疑，并向当地公安机关举报。达菲的生产商罗氏公司在此次风波中，仓皇应战，连发五招，但招招落空，陷于空前被动之中。与强生公司把公众放在首要位置上相比，罗氏公司在危机管理中步步都是错棋。

第一步：拖延记者。面对记者的采访要求，罗氏公司把时间拼命往后面拖。结果错误地估计了事故规模，忽视了能够赢得公众同情和支持的可能性，从而错过将危机消灭在萌芽状态的时机。第二步：推卸责任。从危机爆发后公司在接受记者采访的语言及致媒体的新闻稿来看，公司一直在转移注意力，推卸责任。第三步：利益引诱。当媒体要求采访时，罗氏公司企图以利益换利益，竟然以投广告为诱饵。第四步：威胁。在罗氏与媒体的沟通中，屡次出现“将保留追究其法律责任的权利”，企图吓退媒体。第五步：利欲熏心。在危机发生后，罗氏公司不仅不反省产品本身质量和功效，反而为了经济利益继续生产。

在此次危机公关中，罗氏公司既没有抓住危机管理的重点，也没有捕捉到扭转局面的良机；既没表现出一个大企业应有的魄力，也没表现出其一贯标榜的诚信。和强生公司比起来，罗氏输的根本就在于没有将公众利益放在最重要的位置上。公众就是一切，此次事件对罗氏公司的声誉是一个巨大的打击。

实用指南

对于企业而言，危机意味着“危险”，同时也意味着“契机”。洛克希德－马丁公司前任首席执行官奥古斯丁认为：每一次危机本身既包含导致失败的根源，也孕育着成功的机会。事实上，并没有绝对失控的企业危机，只有不合适的危机处理方法。如果处理得当，危机完全可以演变为“良机”。

悦读心得

德鲁克的这一思想对你有什么启示，请拿起笔，写下你的所感、所思、所得:

第五章

承担社会责任是企业常青的保证

社会责任是企业存在的价值

管理精粹

只有当社会认为某个企业能有所贡献，而且是必要、有价值的企业时，这个企业才能存在。

《管理：使命、责任、实践》德鲁克

精彩阐释

德鲁克说，任何组织都必须对社会影响和社会成果进行管理。企业所承担的社会责任的大小，决定着企业存在的必要程度。承担的社会责任越大，企业存在的必要性就越强，企业也就越有价值。著名企业家马云说过："赚钱只是企业家的一个技能，更多的是对自己、对企业、对社会的责任感和使命感。"

北京某彩色显像管有限公司是一家大型现代化合资企业，与许多只注重效益的企业不同，它是一家极具社会责任感的企业。该公司现有1条彩色投影管生产线，6条彩色显像管生产线，年产量1100万只，年产值40多亿元，是当今世界上生产效率最高、产品品种最全、经济效益最好的彩色显像管生产企业。

但是，该彩色显像管有限公司在彩色显像管的生产中发现了一些问题。原来，很多道工序需要使用工业水和纯水。而随着产量持续增长，用水量也随之上涨，这与北京市水资源严重缺乏形成尖锐的矛盾。所以该公司在进一步发展时，急需解决的问题就是怎样解决水资源匮乏、水价提升、公司成本增加等制约公司产量增长的问题。

本着节约用水、节约成本的考虑，公司几年来进行了多项节水技术改造工程。同时，公司提出并加紧实施了废水再制纯水工程，从而在根本上解决公司用水紧缺问题。该公司采用膜分离法，这是当今世界上的最新工艺。这种新型制纯水工艺，利用膜组件，构筑没有酸碱的全膜法脱盐制水系统，通过多介质过滤和超滤膜，再过电脱盐设备、反渗透膜，达到将废水再制成纯水的目的。

在多年来进行的节水技术改造工程等一系列努力下，使公司降低了生产耗水量，大大节约了公司的生产成本。公司投产 15 年来，彩色显像管产量增加近 10 倍，用水量只增加了近 4 倍。废水再制纯水工程展现了该彩色显像管有限公司节约资源、关爱环境、对社会高度负责任的企业精神，为北京市节约用水做出了贡献，同时也节约了公司的生产成本，收到了很好的经济效益，达到了爱护环境与提高经济效益的双赢局面。

企业是社会的细胞之一，离开了社会资源，企业的发展就成了无源之水、无本之木，没有一个好的环境，企业也难以生存。

实用指南

正如某美国著名企业协会所倡导的，企业社会责任的重要体现是通过尊崇伦理价值以及对人、社区和自然环境的尊重实现商业的成功。很多优秀的企业早已证明了这一点：社会责任感强的企业，才更受尊重，才能保持基业长青。

悦读心得

德鲁克的这一思想对你有什么启示，请拿起笔，写下你的所感、所思、所得:

通过承担社会责任提升影响力

管理精粹

把社会问题转化为企业机会的最大意义不在于新技术、新产品、新服务，而在于社会问题的解决，即社会创新。这种社会创新直接或间接使公司或产业得到利益和加强。

《管理：使命、责任、实践》德鲁克

精彩阐释

德鲁克认为，社会问题是社会的机能失调引起的，它们是一些弊病，但对于企业来说，它们是机会的主要来源。因为企业的职能就在于组织起创新力量来把社会问题转化为做出成就和贡献的机会。

2008年5月12日，汶川大地震发生，举国悲痛。几天之后的5月18日晚，由多个部委和央视联合举办的募捐晚会上，广东加多宝集团因为1亿元的巨额捐款而“一夜成名”。加多宝集团代表阳先生手持一张硕大的红色支票说：“希望灾区人民能早日离苦得乐。”这1亿元的捐款成为当时国内单笔最高捐款，加多宝集团顿时吸引住了全中国人民的眼球。

人们都为加多宝集团的社会责任之举而拍手称赞。就在加多宝宣布捐款1亿元的时候，社会公益产生的口碑效应立即在网络上蔓延，消息传出10分钟后，许多网友第一时间搜索加多宝相关信息，加多宝网站随即被刷爆。

加多宝的真情实意打动了每一个中国人，道德之举产生了巨大的经济效应，单单5月19、20日这两天，加多宝就在全国多地出现了断货现象。

许多优秀企业都有远远超越利润目的的道德追求，而同时，它们的利润也会滚滚而来。履行社会责任可以彰显企业形象，提升企业品牌影响力；而社会责任缺失，则会丑化企业形象，令企业品牌蒙羞。企业履行社会责任与企业品牌建设有着直接的、深切的联系，履行社会责任已经成为企业品牌建设的新路径。加多宝的案例证明，社会责任不仅为企业品牌加分，更能直接带来经济效益。

诺贝尔经济学奖得主诺思说过："自由市场经济制度本身并不能保证效率，一个有效率的自由市场制度，除了需要有效的产权和法律制度相配合之外，还需要在诚实、正直、公正、正义等方面有良好道德的人去操作这个市场。"《礼记》中说："德者，得也。"以"德"面对市场和消费者，不论是否抱有功利目的，就长期发展而言，必然会带来良好的利润回报。

实用指南

承担社会责任是平衡企业与社会关系的重要途径。如果一个企业得到了社会的尊重，有谁还能挡住利润的到来？因此，企业要在激烈的市场竞争过程中，时刻保持住清醒的头脑，始终如一地肩负起企业应有的社会责任，将企业真正做得健康，有责任感，受全社会尊敬，从而保持基业长青。

悦读心得

德鲁克的这一思想对你有什么启示，请拿起笔，写下你的所感、所思、所得：

主动为企业造成的影响负责

管理精粹

任何组织都要为自己所造成的影响负责，无论造成影响是出自有意或者无意。

《管理：使命、责任、实践》德鲁克

精彩阐释

德鲁克说，对社会造成的影响，对组织的目的来讲，是附带的，但在很大程度上又是不可避免的副产品。企业会因忽略对社会的影响或把它们看作无足轻重而置之不理，从而付出沉重代价。最合理的做法是主动为造成的社会影响负责。事实上企业在主动消除影响的同时也会增加自己的社会影响力。

每年，总会有一批消费者因为使用环保不合格的建材产品令家人的健康亮起红灯，网络论坛上投诉建材产品长期有刺鼻异味的帖子屡见不鲜。如今，随着人居环境日渐受到关注，消费者在装修和购买建材时开始追求环保性能，越来越多的家居企业也开始围绕环保、绿色做起了文章。

无论在家居行业还是整个商业领域，鲜有企业愿意把产品的生产过程、原材料的真实面貌、成品是否具有环保性等“内幕”进行公示。现在，随着消费者讲究“知根知底”，越来越多的家居企业开始实行“透明销售”，通过公开商品的生产过程、使用情况以及环保指数等方式，使消费者放心购物。

红星美凯龙首创“环保标签”就是一个很好的例证。2008 年 3 月 4 日，红星美凯龙在京启动“绿色环保·‘签动’中国”活动，宣布在其全国 49 家连锁店推广“环保标签”。此后，卖场内凡是符合国家有关环保标准的产品都将贴上醒目的“家居环保标签”，而凡是购买这类产品的消费者将获得“绿色商标”及相关证书、文件，并可最大限度地享受环保检测等各项优惠服务。

“开展这一活动是希望能给消费者的健康人居环境提供更多保障，把一切不环保产品挡在卖场之外。”红星美凯龙董事长兼首席执行官车建新表示，卖场将组织筹建专业的环保审核小组，并邀请权威环保监测机构监督，对产品生产商、供应商以及代理商提供的环保材料实行全方位的严格审查。

据悉，红星美凯龙的入驻厂商中，已有 27 个品牌首批获得环保标签。车建新透露：红星美凯龙将为此活动增加 3000 万 ~ 5000 万元资金，今后还将有更多品牌陆续通过检测，成为红星美凯龙“环保家族”的成员。

红星美凯龙创办于1986年，2008年销售总额突破235亿元，成为中国家居业的第一品牌。红星集团多年来一直热心社会公益事业和光彩事业，2005年董事长车建新被授予“国土绿化贡献奖”殊荣，2007年荣获“国内影响力品牌领袖大奖”、“家居家装行业影响力品牌领袖大奖”等。

其实，任何企业都应该有这种思维：通过承担社会责任，主动提升企业的影响力，从而赢得顾客及社会的尊重，而不是漠视社会公众利益，在负面影响出现时被动应对，从而使企业声誉一落千丈。

实用指南

主动为企业的社会影响负责不仅可以为社会做出贡献，又为自身树立形象。它将自身的利益和公众最普遍的利益结合在一起，在推动社会发展的同时，亦拓展了企业的发展空间。这是一种具有远见的开明之举。

悦读心得

德鲁克的这一思想对你有什么启示，请拿起笔，写下你的所感、所思、所得：

管理者对负面影响应该未雨绸缪

管理精粹

如果负面影响是需要增加成本才能消除，管理者就应该未雨绸缪，提前制定规则，以能够用最经济的成本、对社会最有利的方式来解决问题。

《管理：使命、责任、实践》德鲁克

精彩阐释

德鲁克认为，企业要对经营行为所产生的社会影响做出预判，从而找到最经济的解决方式。尤其是要通过科学的防范机制来防范重大负面影响的产生。也就是说，管理者要学会对负面影响未雨绸缪。

位于沈阳市皇姑区昆山路上的中国石油加油站，即使驾车者站在汽车加油口的边上，也几乎闻不到一丝汽油的味道。据工作人员介绍，一套新上的油气回收装置将所有暴露在外的汽油油气全部回收，经过加压将油气中的汽油重新送回油罐中。安装这套造价不菲的先进设备，不仅是为了降低损耗、节约成本，更重要的是减轻了加油站对周边空气的污染，让附近居民不受汽油味的困扰。

从过去提倡的“效益优先”，转变为如今的“安全第一、环保优先”，实现企业安全发展和清洁发展，已经成为中油沈阳公司在经营中恪守的重要原则。据了解，中油沈阳公司将从 2007 年起逐步在沈阳的 148 座加油站中普及油气回收装置，让这些加油站都变成默默无闻的好邻居和环境友好的使者。

对于能源行业而言，安全是生产经营中的头等大事。对于安全隐患早发现、早排除，是实现企业安全发展的前提。从 2000 年起至 2007 年 5 月，中油沈阳公司累计投入 6580 万元对安全环保、重大火险隐患整改、乙醇汽油调配等重大项目设施改造，确保了企业的安全发展和清洁发展。在先后进行的四次大规模安全检查中，共发现隐患 291 项，其中的 273 项隐患已经整改完毕，整改率达 90%。

中油沈阳公司在工作开展中强化关键环节和要害部位的安全环保管理，不断探索新的安全环保项目，建立有重大危险源监控体系，按照 QHSE 管理体系要求，全面落实安全环保规章制度。与此同时，进一步加强对员工的安全教育和培训，着力提高员工的安全意识、责任意识和操作技能。

可见，在中油沈阳公司领导的眼里，只有做到未雨绸缪，安全发展、清洁发展的道路才能越走越宽。

实用指南

未雨绸缪是企业避免危机的重要方法。从本质上说，企业的危机是指能够对企业及其产品和声誉造成潜在破坏的事件。面对激烈的市场竞争，一个企业不管过去有多辉煌，随时都可能受到危机的冲击，这是任何企业都无法回避的现实。问题的关键是企业应该如何开展危机的管理以化险为夷。只有将危机化解在无形之中，企业才能始终处于安全之中。即便是出现难以消弭的负面影响，因为事前做好了充分的估计和深刻的认识，企业也能从容应对，而不是仓皇应战，处于被动。

悦读心得

德鲁克的这一思想对你有什么启示，请拿起笔，写下你的所感、所思、所得:

伟大的企业都有正确的价值观

管理精粹

一个企业组织最好去避免做一些不符合本身价值观的事情。对于新技巧和新知识，我们很容易就学会，但我们很难去改变自己的本性。

《管理：使命、责任、实践》德鲁克

精彩阐释

德鲁克说，社会也要求管理者自治。企业应该在正确的价值观引导下发展。在市场经济社会里，企业的价值观发挥着巨大作用。如果为了追求利润，企业及其员工不惜采取假冒仿制、欺诈行骗、商业贿赂和行业垄断等不道德手段，不仅会损害诚实的经营者和广大消费者的权益，也会使企业掉入火坑，万劫不复。反之，如果企业在创立之初就形成正确的价值观并长期坚持，企业必然会长盛不衰。

拥有三百多年历史的老字号药店同仁堂，历经岁月打磨，至今仍然屹立不倒、基业长青，秘诀也正在于它一直秉持着以人为本的企业道德理念。“品味虽贵必不敢减物力，炮制虽繁必不敢省人工。”同仁堂店内的对联见证了其主人300年风雨不倒的辉煌历史，见证了国药第一品牌的赫赫声威。

同仁堂集团宣传部部长金永年先生曾举同仁堂非典期间赔本买卖的例子，以此说明同仁堂对企业道德理念的坚守。

2003年，非典病毒肆虐中华大地。在此期间，同仁堂积极响应党的号召，为广大市民提供抗非典药品。但是，同仁堂每卖出一服“抗非典方”，就亏损2元钱，仅此一项，企业就报亏600万元。“政府发布了限价令，规定每服药只能卖9元，可是药材的采购价格却数倍地疯涨，过去1公斤金银花价格不会超过40元，非典期间却达到了每公斤300元。”

面对赔本这种情况，很多药店纷纷放弃销售“抗非典方”，同仁堂的决策层却劝勉自己的员工说：“三百多年来，我们信奉‘同修仁德，济世养生’的企业宗旨，国家有难之际，也是我们回报社会之时。”正是有了这样的企业精神，同仁堂才有了一个个令人钦佩的壮举，始终傲立于世。

商家逐利，天经地义，像同仁堂这样重德轻利，确非一般企业能做到的。它不仅是以人为本理念的集中体现，还代表一个企业对社会的责任感。若一个企业把眼光单纯放在追求利润上，是短浅的，真正伟大的企业必须点燃自己的灵魂之灯。就像一个人不能没有自己的灵魂一样，企业一旦失去了优秀的文化理念，就会失去强大的生命力、凝聚力、战斗力以及竞争力。

实用指南

通过观察伟大公司的发展历程就会发现，这些企业常在成功之前就拥有崇高理想和核心理念，并自始至终以崇高理想激励自己，同时保持核心理念不变。并且更需要我们学习的是，这些崇高理想和核心理念，往往就是企业所坚守的以道德为基础的企业核心价值观。简而言之，就是企业通过确立崇高理想和核心理念为企业确立了牢不可破的道德根基，这种根基最终成为企业腾飞最稳固的基石。

悦读心得

德鲁克的这一思想对你有什么启示，请拿起笔，写下你的所感、所思、所得：

第三篇

赢在未来的远见、洞察力与有效决策

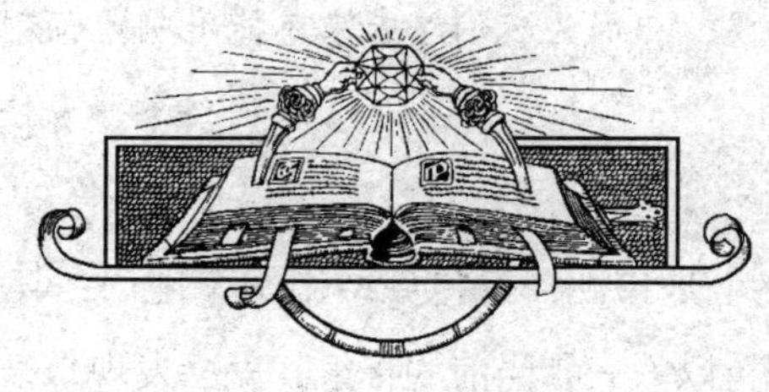

第一章

战略性计划关注的是当前决策的未来形态

战略规划不是预测

管理精粹

如果我们一味地预测未来，那只能使我们对目前正在做的事情怀疑。战略规划之所以重要，正因为我们对未来不能准确地预测。

《管理：任务、责任、实践》德鲁克

精彩阐释

为什么说战略不是预测？德鲁克给出两个理由：其一，未来是不可预测的。每个人都可以看一看当前的报纸，就会发现报纸上所报道的任何一个事件都不是10年前所能预测到的。战略规划之所以需要，正因为未来不能被预测。其二，预测是试图找出事物发展的最可能途径，或至少是一个概率范围。但是企业的发展往往是独特事件，它将不在预设的路径或概率范围之内，所以预测往往并不能带来作用。

得州仪器就是一家成功用战略规划主导企业未来发展的典型代表。20世纪80年代前期，得州仪器一直是全球第一大半导体公司，经营涉及笔记本电脑、企业软件、打印业务、国防工业、数字信号处理器等多项业务。各个业务板块都发展不错，但不是最好，各业务在全球市场上排名皆在十名左右，只有数字信号处理器业务在全球排名第一。是维持现状，还是围绕核心业务发展？这是个战略问题。

得州仪器的高层为了企业未来的发展方向多次召开会议，经过慎重选择，他们决定将笔记本电脑、国防工业等业务全部卖掉，将全部精力与资金投在DSP（数字信号处理器）ANALOG（模拟）领域。他们认为，未来市场竞争将会更加激烈，只有全力竞争才能成功，所以，他们选择了最具有前景的数字信号和模拟领域。这一战略是成功的。在全球半导体公司排行榜中，得州仪器位居世界第三。在通信芯片领域得州仪器堪称霸主，其全球约50%的GSM手机芯片市场占有率无人能敌。

在得州仪器的战略规划中，战略决策者并没有对未来的竞争动向进行预测，而是强调了为未来的市场竞争所做出的准备：他们砍掉了一些并不能在业内获得领先的业务，而是将资源转移到具有领先优势的业务上，确保优势业务在未来市场上持续领先。从得州仪器身上可以看出，成功的战略规划并不需要预测，战略规划的立足点是在今天而不是未来，它只要求企业为未来做好行动计划和资源支持。

实用指南

德鲁克认为，战略决策者所面临的问题不是他的组织明天应该做什么，而是“我们今天必须为明天来做哪些准备”，问题不是未来将会发生什么，而是“我们如何运用所了解的信息在目前做出一个合理的决策”。战略规划并不涉及未来的决策，所涉及的是目前决策的未来性。决策只存在于目前。

悦读心得

德鲁克的这一思想对你有什么启示，请拿起笔，写下你的所感、所思、所得：

正确利用趋势而非对抗

管理精粹

善于利用结构性趋势的人很容易获得成功。如果想要对抗趋势，不仅极其困难，也是毫无前途的。

《巨变时代的管理》德鲁克

精彩阐释

德鲁克认为，在大多数行业中都可以看到结构性趋势的变化。结构性趋势在短期内对行业的影响微乎其微，但它远远要比短期性波动重要得多。然而令人遗憾的是，很多经济学家、政治家和管理者的所有注意力都放在短期波动上。事实上，谁利用结构性趋势，谁几乎就必然能取得成功。

历史上一共经历了三次革命，农业革命、产业革命，以及目前正在进行的信息革命。这是日本软件银行集团创始人孙正义始终信奉的观点。他认为，在信息化社会的第三阶段，由提供数字化信息技术的微软、英特尔、思科、甲骨文等国际知名企业担当主演。但是，只有信息化社会的第四阶段来临，提供数字化信息服务的网络公司跃出台面，革命才算是真正成功。那时信息产业的成长幅度也会比现在的个人电脑产业大得多。这是孙正义坚定的“未来趋势判断”。

孙正义的梦想是：“当信息化社会进入第四阶段，我希望软件银行能够名列世界前十大企业。老实讲，我的志向是成为第一，在我心目中只有第一，没有第二。”为实现这个目标，孙正义做了规模宏大的部署。他用别人觉得疯狂的方法，在20世纪的最后6年时间里，投资600多家IT公司。每当孙正义看到有前途的公司时，他就猛扑过去。其中对雅虎的豪赌让孙正义一战成名。孙正义的雅虎股票每股投资成本约2.5美元，市场价则冲高到250美元，升值整整100倍。到2000年，软银已成为国际网络业的最大股东。2000年年年初，软银股价相比发行价升值90倍，孙正义身价达到顶峰700亿美元。

在日本，最大的在线游戏公司、最大的入口网站、最大的电子交易网站、最大的网络拍卖服务，都是孙正义的公司。他曾自豪地说道：“在日本，我们就等于雅虎加谷歌加eBay。”孙正义认为，从拨号到宽带，不过是网络革命性改变的第一阶段，手机宽带上网将会是下一个主流。现在，全世界一年卖出两亿台个人电脑，手机的销量是电脑的5倍，手机上网时代的到来是大势所趋。孙正义现在要抢的下一个第一名，就是手机宽带上网，2007年软银为此投入155亿美元。拿到手机上网主导权后，孙正义将要采掘下一个金矿：手机上网购物。孙正义说：“这个大趋势刚刚开始。”

孙正义顺应商业发展潮流而占据鳌头。当结构性变化出现时，一如既往的人面临被淘汰的危险，而迅速改变的人将迎来机会。对于任何企业来说，对抗大势必然会失败。

实用指南

德鲁克说，在短期内与趋势抗争非常困难，而且长期与趋势抗争几乎是毫无希望。企业管理者应该时刻审视并努力把握未来发展趋势，以顺势而赢得未来，绝不能因对抗形势而处于被动。

悦读心得

德鲁克的这一思想对你有什么启示，请拿起笔，写下你的所感、所思、所得：

别用过时的前提条件作决策依据

管理精粹

管理者应经常问：作为决策依据的前提条件是否已经“过时”？

《新现实》德鲁克

精彩阐释

德鲁克说，企业要想赢得当前的市场，管理者就需要具有全新的思维框架。一个企业的建立，首先是思维模式的建立。企业家首先要明确企业存在的前提：企业的外部环境是什么？企业的使命是什么？企业的核心竞争力是什么？只有对这三个前提问题的准确把握和解答才能使企业的发展战略能够持久和有效地发挥作用。任何一种决策都必须从前提出发去认识，才能真正抓住问题的关键。

戴尔公司是当今世界电脑行业的翘楚，很多人认为，戴尔是依靠商业模式创新成功的。不错，戴尔的直销模式历来为管理界所看重，但为什么 IBM 和康柏都曾经模仿戴尔的直销模式，却失败了？事实上，戴尔成功背后的核心因素是它运用前提性思维构建了一整套的运营模式，这种运营模式精确地定位了企业战略和顾客需要，从而使任何竞争者也无法照搬和模仿。

我们知道，任何企业都必须给自己进行准确的定位，定位自己使企业明确了自己是什么？将成为什么？这实际思考的是企业存在的理由，而这恰恰是企业存在的前提。企业只有首先确定了自身的价值和意义，才能朝着这个方向前进和努力。戴尔公司正是通过建立自己的经营理论而准确地给自身进行了定位。

首先，对企业外部环境的假设。戴尔公司发现，计算机行业都是由制造厂商生产电脑以后，配售给经销商和零售商，由他们卖给企业和个人消费者。而这样显然使生产者无法获得足够利润，而且也无法完整地体现顾客的需要。据此，戴尔采取直销模式，果断地砍掉中间环节，既能提升自己的效益，也为顾客节省了费用。它们通过电话或互联网向客户进行直接销售，并根据顾客的要求定制电脑。这就使戴尔公司具有显而易见的竞争优势，通过客户定制，戴尔公司通常能以比零售价还低的价格向客户提供他们所需的计算机。

这种对企业外部环境的定位，使戴尔明确了企业的发展方向和发展模式，那就是不断地满足顾客的多样化需求并提供低廉价格的产品。

其次，对企业使命的假设：为顾客创造价值。戴尔认为，随着顾客力量变得愈加强大，企业为了提高竞争力，增强顾客的满意度和忠诚度，都树立了“以顾客为中心”的经营理念。这就决定了企业经营策略的确定必须从“由内到外”的思考方法转变为“由外而内”的思考方法。他们据此制定的企业使命，迎合了信息时代顾客的需要。因此，得到了顾客的认同和支持。戴尔从顾客的需要出发，充分体现了顾客是企业价值实现的评判者，不重视顾客的力量，必然被顾客力量所淹没。这种从最简单的前提出发的思维方法，恰恰是戴尔模式的重要经验。

再次，根据以上两点的设想，戴尔确定了企业实现使命所需的核心能力的设想。戴尔的核心竞争能力实际上并不是直销，而是不断地完善自己的供应链，通过建立直销模式来提升自己的核心竞争力。这种定位，使戴尔真正明确了自身的优势是什么。

正是基于戴尔对企业存在前提问题的深刻认识，因此在过去的十几年时间里，戴尔打破了全世界公司成长的纪录，从零进入到全球500强。毫无疑问，一个企业生产什么，怎么生产并不重要，重要的是凭什么要这样生产。

实用指南

一个具备前提性思维的企业家，时刻都会反思企业行动的依据，从而不断地认识自己，不断地提升自己。经营企业要顾及各种问题，要预想到各种困难，只有善于认识前提的领导者，才是真正卓有成效的管理者。

悦读心得

德鲁克的这一思想对你有什么启示，请拿起笔，写下你的所感、所思、所得：

为未来的变化做好准备

管理精粹

管理者所面临的问题不是企业明天应该做什么，而是“今天必须为未来做哪些准备工作”。

《管理：任务、责任、实践》德鲁克

精彩阐释

德鲁克说，未来的事务都是不可预料的。对于管理者而言，他们更重要的工作不是预测未来的变化，而是要把握住已经发生了的变化。握住“已经发生的未来”，并采用一套系统的策略来观察并分析这些变化。这才能在制定战略决策的时候看得更高更远，避免鼠目寸光的僵局。

苹果电脑公司诞生在一个旧车库里，它的创始人之一是乔布斯。苹果的成功，在于他们把电脑定位于个人电脑，普通人也可以操作。这具有划时代的意义。因为在此之前，电脑是普通人无缘摆弄的庞然大物，它不仅需要高深的专业知识，还得花上一大笔钱才能买到手。

乔布斯推出了供个人使用的电脑，这引起了电脑爱好者的广泛关注。更为重要的是，苹果公司还开发出了麦金塔软件，这也是软件业一个划时代的、革命性的突破，开创了在屏幕上以图案和符号呈现操作系统的先河，大大方便了电脑操作，使非专业人员也可以利用电脑为自己工作。苹果公司靠着这一系列的创新，诞生不久就一鸣惊人，市场占有率曾经一度超过 IT 业老大 IBM。

但是，在进入 20 世纪 90 年代以后，网络经济迅速发展，苹果公司未能抓住网络化这一契机，市场占有率急剧萎缩，财务状况日趋恶化，连续两年亏损。苹果公司想尽了各种办法，但种种努力都没有产生太大的效果。

就在苹果公司上上下下愁眉苦脸之际，IT 界传出一个令人震惊的消息，微软总裁比尔·盖茨宣布，他将向自己的竞争对手陷入困境的苹果电脑公司投入1.5亿美元的资金！此语一出，IT界为之哗然。比尔·盖茨大发慈悲了吗？作为世界首富，比尔·盖茨在世界各地捐资。但这一回他不是捐资，更不是行善，他向苹果注入资金是出于商业目的。

因为比尔·盖茨知道，苹果作为曾经辉煌一时的电脑霸主，尽管元气大伤，但它的实力仍然非常强大。在这个时候，很多电脑公司包括微软的一些竞争对手如IBM、网景等，都提出与苹果合作，以达到和微软竞争的目的。显然，如果微软不与苹果合作，对手的力量就会更强。

另外，美国《反垄断法》中有规定，如果某个企业的市场占有率超过规定标准，市场又无对应的制衡商品，那么这个企业就必须接受垄断调查。如果苹果公司垮了，微软公司推出的操作系统软件市场占有率就会达到92%，必然会面临垄断调查，仅仅是诉讼费就将超过从苹果公司让出的市场中赚取的利润。

而这时和苹果合作，则可以把苹果拉到自己这一边。苹果和微软的操作软件相加，就基本上占领了整个计算机市场，微软和苹果的软件标准就成了事实上的行业标准，其他竞争对手也就只好跟着走了。当然，微软实力比苹果强大，微软不会在合作中受制于苹果。

如果比尔·盖茨只看到了苹果公司衰落对于微软的近期利益，而没有看到苹果的倒闭在未来对于微软的一系列可怕的不利影响，那微软公司必然遭受“城门失火，殃及鱼池”的牵连。对于未来危机熟视无睹是一个企业衰败的前兆，很多颇富远见的管理者在这方面都是非常重视的。

实用指南

德鲁克说，如果企业不为未来做准备，就要为出局做准备。管理者作决策时如果仅仅是为了眼前利益或一时之局，而对未来发展缺少必要的考虑，企业将付出昂贵的代价，轻则发展迟缓，重则面临倒闭风险。因此，管理者一定要注意决策的前瞻性，在今天与未来之间搭好过桥，避免到时措手不及。

悦读心得

德鲁克的这一思想对你有什么启示，请拿起笔，写下你的所感、所思、所得：

善用创新创造未来

管理精粹

创造未来的真正含义是创造一个不同的事业。

《成果管理》德鲁克

精彩阐释

创造未来的真正含义是创造一个不同的事业。在德鲁克眼里，这个事业的创造是指将一个包含不同经济实体、技术及社会的构想加以具体化。对于企业而言，市场环境千变万化，要想持续赢得市场，就应当不断关注任何一个可能拥有潜在市场的创意，善用创新打开新市场，找到新的业务增长点。

1993 年，郭士纳临危受命担任 IBM 首席执行官。当时的 IBM 亏损严重。1994 年，郭士纳应邀在华尔街进行公开演讲，他利用这个机会向听众展示了 IBM 未来的网络化战略构想，并强调 IBM 要在“以网络为中心的世界”中充当领袖。一年之后，郭士纳将 IBM 的战略总结为“电子商务”。当时，能够对这一战略概念充分理解的人少之又少，很多人一度搞不懂郭士纳葫芦里卖的是什么药。

电子商务战略使 IBM 从单一的计算机硬件提供商转变为 IT 服务商。电子商务战略的核心是，为客户提供包含软硬件在内的信息架构构建服务和企业流程改造服务。它向客户传递的价值内涵是，企业能够在 IBM 提供的 IT 服务的帮助下，更加充分地利用计算机和网络，更方便而有效率地从事商业活动。这个战略的确立，犹如一把手术刀，切掉附在IBM身上的毒瘤，创造了奇迹。1996年，IBM历经1991到1993年高达80亿美元的亏损后，奇迹般地实现了770亿美元的营业收入和60亿美元的利润。

2002年年初，彭明盛出任IBM的首席执行官。当时的商业背景不容乐观，互联网泡沫破碎，IT神话破灭，网络走下神坛，众多计算机生产商、网络服务供应商、各大网站开始对互联网行业的发展模式和价值体现方式进行了新的思考和探索。在很多人还没想明白应对未来的举措之时，IBM又适时地推出了新的战略电子商务随需应变。这个战略的重点是“随需应变”。这四个字揭示了IBM公司IT服务方式的转型和提升，它剥离出个人电脑业务，同时开始收购普华永道和无数软件公司，力求通过打包齐全的软件产品，向客户提供从战略咨询到解决方案的一体化服务。

这个战略的价值在2008年爆发的全球金融危机中得到了最为充分的体现。IBM的季报显示，IBM在2008年第四季度净利润同比增长12%。在大部分公司都受到经济危机冲击时，IBM利润增长仍超过预期，绝对算得上一个奇迹。

由此可见，伟大的公司都是善于创新的公司。

实用指南

德鲁克说，在寻找未来的过程中，一个企业所认定的与众不同之处，就是这个企业赖以生存和奠定其独特地位的法宝。创造未来的真正含义是创造一个不同的事业。而创新是创造新事业的唯一途径。因此，企业管理者应该不断拓宽思路，不拘泥于以往经验和成就，以想人之所未想，为人之所不能为，出其不意，以新制胜，为企业的发展找到一个潜力无穷的新市场。

悦读心得

德鲁克的这一思想对你有什么启示，请拿起笔，写下你的所感、所思、所得:

成功的战略要保持忧患意识

管理精粹

如果不着眼于未来，最强有力的公司也会遇到麻烦。

《生态愿景》德鲁克

精彩阐释

德鲁克指出，明天终归要来，并且一定与今天不同。到那个时候，即使是最强大的公司，如果没有为迎接未来做好充分的准备，也一定会陷入巨大的麻烦之中，甚至可能会丧失自己的个性和领导地位，遗留下来的不过是维护大公司运转的高昂开支。对于正在发生的一切，它无法控制也无法理解。

管理者的超前忧患意识，在当今市场条件下尤为可贵。我们从众多的企业盛极而衰的变迁中可以看出，企业最好的时候，可能就是走下坡路的开始；产品最畅销的时候，往往也是滞销的开端。

美国百事可乐公司是国际著名的大企业，但就是在公司事业如日中天的时候，总经理韦瑟鲁普却开始担心汽水市场将会走下坡路，同业之间的竞争也会变得更加激烈。

如何来激发员工的工作积极性，使百事公司的员工们相信，如果他们不拆散这部金钱机器，并重新把它建立起来，百事公司就有可能走向衰亡呢？于是，韦瑟鲁普制造了一场危机。

韦瑟鲁普和销售部经理重新设计了工作方法，重新规定了工作任务，要求年收入增长率必须达到15%，否则企业就会失败，百事可乐公司也将不复存在。

这一要求可能有些危言耸听，但也在一定程度上反映了市场竞争的激烈程度及由此可能会产生的后果。最终，韦瑟鲁普完成其在职业生涯中一次最艰巨的行动，即被他称为“末日管理”的战略。

百事可乐公司的“末日管理”法，充分运用了各类资产，使公司的现有设备得到了最大限度的利用，减少了资金的占用，使得资产的循环周转顺畅起来，一些日常管理的节奏也快速起来，公司的经济效益不断地提高，事业也蒸蒸日上。

末日管理的核心是“企业最好的时候往往是下坡路的开始”。要求管理者要有忧患意识，要居忧思劣、居安思危、居盈思亏、居胜思败。其目的就是为了预防危机的到来。海尔总裁张瑞敏曾说过：“没有危机感，其实就有了危机；有了危机感，才能没有危机；在危机感中生存，反而避免了危机。”

实用指南

德鲁克说，由于企业未能着眼于未来，在变革发生时就不得不承受被新情况搞得措手不及这一巨大风险。这种风险是任何大企业都承受不起而任何小企业都不需要冒的风险。因此，企业管理者有责任以未来的眼光关注企业的战略，从忧患意识上强化战略的预见性和未来性，将危机消灭在萌芽状态。

悦读心得

德鲁克的这一思想对你有什么启示，请拿起笔，写下你的所感、所思、所得：

第二章

不能为未来做准备，就在为自己掘坟墓

精准把握未来的市场需求

管理精粹

修补常态往往是毫无价值的，因为常态只是昨日的现实。

《成果管理》德鲁克

精彩阐释

德鲁克说，在做出决策或者行动时，这些决策或者行动就已经开始变旧。优秀公司能够长久领先的根本原因就在于它们总是能在市场发展的任何拐点处发现市场的潜力和机遇，从而在企业内部迅速集结各项资源为迎合未来的需求进行产品开发，及早进入潜力市场，从而赢得市场开发的主动权。

海信就是一个善于把握未来需求的企业。2005 年 7 月 2 日，当装有“信芯”的彩电在青岛海信集团出产时，中国彩电产业掀开了一个新的篇章。这个引人注目的成就的背后蕴涵着海信人 1600 个日日夜夜的辛苦探索，以及 3000 万元的资金投入。

海信为什么要花如此大的力气来打造这颗“中国心”呢？

在 2005 年之前，海信彩电的年产能已达 800 万台。每年制订生产计划时，原材料“集成电路”的采购量都是一笔庞大的支出。这笔支出全部是给国外企业的，因为海信自己没有芯片，中国企业都没有芯片。

而根据公开的数据，截至2004年年底，我国境内共有彩电企业68家，实际年产量达7328.8万台，中国已经成为世界上最大的电视生产国了。然而，这7000多万台电视机中所使用的核心视频处理芯片均为进口。

据商务部统计，仅2004年上半年我国芯片进口价值就高达262亿美元。2003年，我国芯片进口累计416.7亿美元，贸易逆差340亿美元，超过当年全国进出口255亿美元的贸易顺差值。芯片已超过飞机成为美国对华第一大出口商品。

因此，无论是从自身考虑，还是从中国市场考虑，一颗小小的芯片不仅仅不再让自己受制于人，更能够带来巨大的经济效益。为了拓展海信的发展之路，海信集团董事长周厚健意识到必须打造一颗属于中国人的彩电之“心”。

为此，海信在2000年设立了“专用集成电路设计所”。历经4年自主研发，终于在2005年2月制造出了可以完全替代国际同类产品的芯片，并达到了国际先进技术水平。装备了“信芯”的数万台海信电视已经上市。海信用自主创新为自己发掘了一个极具潜力的市场，并已经开始迅速获取利润。

由此可见，优秀的管理者不会把眼光停留在昨天，和已经发生的事实上，他们会更多关注预示未来变化的细节，以便把握企业发展。只要我们认真观察企业的明天，就会发现其实在企业的周围到处都有赢得更大成功的商机。

实用指南

哲学家奥里欧斯说过这样一句话：“我们的生活是由我们的思想造成的。”思想上的超前，必然带来行动上的超前，个人发展如此，企业发展更是如此。在市场竞争激烈的今天，每一名企业管理者都应该有超前的战略意识，具备博学善思的素质。要想走在市场变化的前面，就必须提前了解、研究客户和消费者的潜在需求，通过不断挖掘市场潜力，拓宽产品的市场份额来获得更大的利润空间，这样才能战胜对手，在市场竞争中取得优势。

悦读心得

德鲁克的这一思想对你有什么启示，请拿起笔，写下你的所感、所思、所得：

在今天就开始把握未来

管理精粹

不能等到未来到来后才去把握，未来需要在今天就开始把握。

《成果管理》德鲁克

精彩阐释

德鲁克认为，未来大多是由那些与当前任务有关的决策和行动所开创的。如何以当前决策和行动开创未来，这需要企业在面对企业发展方向问题上懂得如何把握未来需求。

作为全球最大的电子商务网站之一，易趣的发展使人们深刻地认识到把握未来需求的意义。在1990年的美国，互联网成为新宠，很多人一觉醒来被其2300%的发展速度所吓倒。皮埃尔·欧米迪亚觉得，互联网一定会主导未来，目前的交易形式一定会移植到互联网上去，当前面对面的交易在将来肯定会在互联网提供的虚拟平台上进行。于是他在1995年创办了易趣。

一开始他对这个网站并没有财富幻想，他只是把它看作是一个实验场，通过让网上市场中买家和卖家拥有同等的信息，看看能不能获得高效率的交易。但是他很快就发现了易趣诞生的重大意义，它推翻了以往那种规模较小的跳蚤市场，将买家与卖家拉在一起，创造一个永不休息的市场。

在易趣平台上第一件贩卖的物品是一只坏掉的镭射指示器，以14.83元成交。欧米迪亚惊讶地询问购买者：“您难道不知道这玩意坏了吗？”购买者对他的回答是：“我是个专门收集坏掉的镭射指示器玩家。”欧米迪亚从这个事情中嗅到了一个讯息：在这个世界的任何角落中都隐藏有准备购买东西的人，同样也有准备出售东西的人，由于信息不对称，他们之间不能建立成交关系，他们需要一个平台，突破地域的限制，能够使信息及时地传递给愿意接受信息的人，这个平台就是易趣。

在易趣上，每天都有数以百万的物品被刊登、贩售、卖出。在这些物品中，有的价值不菲，有的不值一提；有的是刚出厂的新玩意，有的沾满灰尘；有的是庞然大物，有的就是针尖。从1美分的小物件到500万美元的喷气式飞机，只要不违背法律，任何人在易趣平台上可以出售任何物品，同样任何人都可以在这个平台上购买任何东西。

现在的易趣已经有75万人靠它谋生，每秒钟可以售出一辆汽车。欧米迪亚也因为易趣的火爆而成为财富新贵，当易趣在1998年上市时，他几乎就在一夜之间成为全球最富有的人之一，连他自己都觉得自己一下子富得有些离谱。

从欧米迪亚身上看出，一个能够在今天就开始把握未来需求的管理者，最终一定能带领企业成为市场的大赢家。德鲁克认为，面向未来的管理，就是要管理者走出企业的狭小空间，始终把眼光向外，站在外部的世界，审视企业的发展走向，而不是立足企业内部，坐井观天，那将永远也不能获得对未来的真正认识，更不能有效地提高个人效能和企业的整体绩效。

实用指南

德鲁克说，管理者必须在今天就接受创造未来的责任，愿不愿意攻克这一任务，成为管理者是否优秀的分水岭。

悦读心得

德鲁克的这一思想对你有什么启示，请拿起笔，写下你的所感、所思、所得：

没有任何一个判断是稳操胜券的

管理精粹

没有任何一个判断是稳操胜券的，在所有关于未来的判断中，一定会失败的就是那些“十拿九稳”、“零风险”等“绝对安全”的概念。

《成果管理》德鲁克

精彩阐释

德鲁克认为，对未来的把握充满风险，未来是不可判断的，任何自认为有预见性的行动都可能是错误的，甚至会产生难以承受的风险。因此要想取得对未来的成功，就必须做好失败的准备。失败是对追求者获得成功之前的考验，也是促进快速成功的必备经验。

微软就是一家不断鼓励员工进行创新并允许员工失败的企业。微软公司愿意聘用那些曾经犯过错误而又能吸取经验教训的人。前任微软公司的执行副总裁迈克尔·迈普斯说：“我们寻找那些能够从错误中学会某些东西、主动适应的人。”在录用过程中，我们总是问应聘者：“你遇到过的最大失败是什么？你从中学到了什么？”

格里格·曼蒂与别人一起在1982年共同创立了爱林特计算机系统公司。10年后，公司由于入不敷出而倒闭。而微软在1992年12月聘用了曼蒂，任命他为部门主管，负责筹划如何把新技术用来制造消费产品。微软公司从曼蒂身上发现的不仅是他的技术和管理经验，而且发现他是一个敢用远见打赌的人，即使这种远见付诸东流。微软的人会告诉你：用远见打赌是公司存在的全部。许多远见最终以失败告终，但这并不重要，重要的是他们曾尝试过。

在寻求有远见的冒险者时，微软公司喜欢找寻那些成功地处理过失败和错误的人。一位高层管理人员说："公司接受了很多内部的失败。你不能让员工觉得如果做不成，他们就可能被解雇。如果那样，没有人愿意承担这些工作。"在微软公司，最好是去尝试，即使失败，也比什么都不做好得多。

在微软的亚洲研究院，管理层更是鼓励员工创新。张宏江博士说："我们是研究院，不是新产品开发部或公司的先进技术开发组。我们常说，如果你做 10 个研究，10 个都成功了的话，那就是失败了，因为你没有创意。研究院是对未来的投资，一个对自己未来有信心的公司应当允许他的研究人员理想主义。"

张宏江还指出，研究院可能更看重自己在相关领域上对学术研究的推动而并非功利地以产品为中心："我们发表 10 篇论文，可能其中只有 1 篇最终会转化为微软的产品，但其他 9 篇使这个领域的研究大大前进了一步，可能影响到未来的几十年，这是我们看重的。"

实用指南

为什么不能万无一失？德鲁克认为，在所谓的开创过程中，企业很难清楚地知道自己该怎么做，他们既没有方法，也没有可以遵循的促进成功的法则和经验。不要认为万无一失，相反，要认识到正在开创未来的成功概率可能是万分之一。有这样的心理准备，企业在开创未来的道路上才能更从容一些。

悦读心得

德鲁克的这一思想对你有什么启示，请拿起笔，写下你的所感、所思、所得：

做好手头工作比空想未来更重要

管理精粹

预测未来是自找苦吃，打理好手头上最有前途的事情，比什么都重要。

《动荡时代管理策略》德鲁克

精彩阐释

德鲁克认为，要想打理好手头最有前途的事，最好的方法就是为企业制定好合适的短期目标。这种目标既是立足于企业目前所具有的资源，又能超越企业目前所取得的成就，指引着企业向一个恢宏的前景前进。

已故网球名将亚瑟·艾伦就是一个善于制定短期目标的人。艾伦一生都坚持这样一个理念："每次你订立一个目标，然后完成那个目标，就是一种不断增强自信的过程。"他经常为自己制定短期目标，一旦达成那个目标，他就再订一个新的目标。

艾伦就是运用这种订立目标的方法，登上了网球王座。他说："我早年的几位教练常订下清楚明确的目标，正是我愿意遵循的。这些目标不见得一定要像赢得巡回赛这么重大，而是将一些有待克服的困难、近期内需要努力的方面定为目标，如果这些目标一个个地实现了，我们距离自己的最终目标就会越来越近。并不是只有赢得巡回赛才可以作为目标。往往一些小目标渐渐一个个地达成后，我自己都会意外地发现——'嘿！我距离得大奖已经越来越近了'。"

艾伦一直以这种方式参加高难度的比赛。他说："参加巡回赛，你总想能进入复赛。比赛时，你总希望漏接的反手球不超过某个数字。或者是你必须锻炼体力到一定的程度，气候太热时，你才不至于很快就感到疲倦。这一类的小目标，可以帮助你将注意力由成为世界第一或赢得巡回赛这类的远大目标上，分解为几个较易达成的小目标。"

美国通用公司的前任董事长罗杰·史密斯也是这样的人。

在进入通用之初，他只是一个名不见经传的财务人员。罗杰初次去通用公司应聘时，只有一个职位空缺，而招聘人员告诉他，工作很艰苦，对一个新人会相当困难。他信心十足地对接见他的人说："工作再棘手我也能胜任，不信我干给你们看……"

在进入通用工作的一个月后，罗杰就告诉他的同事："我想我将成为通用公司的董事长。"当时他的上司对这句话不以为然，甚至嘲笑他自不量力，逢人便说："我的一个下属对我说他将成为通用公司的董事长。"像艾伦一样，罗杰将自己的目标逐步分解为一个个可以实现的短期目标，然后努力地逐一实现它。令他的上司没想到的是，若干年后，罗杰·史密斯真的成了世界上最大的"商业帝国"通用公司的董事长。

由此可见，一个人只有具备务实的心态，做事脚踏实地，才能找到自我发展的平衡点和支撑点，才能在看似平凡的岗位上取得不平凡的成就。

实用指南

制定科学的短期目标，不仅能够使企业时刻保持有目标感，还能使企业在目标的不断实现中收获信心和做出实现更大成就的准备。

悦读心得

德鲁克的这一思想对你有什么启示，请拿起笔，写下你的所感、所思、所得：

真正的成就来自于立即行动

管理精粹

我们或许无法获得真正想获得的成就。但如果我们现在立即去做，产品或服务总会找到顾客，也能够赚钱并满足我们的一些期望。

《成果管理》德鲁克

精彩阐释

通常，每一个企业在确定好战略目标之后，必然面临一个执行力的问题。如果企业有明确、具体的目标，结果却是“没有完成任务”、“没有达到目标”，为什么？假如企业的战略规划没有太大的问题，那么问题又出在哪里呢？答案很简单：没有强大的执行力。因此，高效的执行力是企业铸就高效的前提和保障。子曰：“敏于事而慎于言。”对企业而言，与其空想未来，不如把目前的想法付诸行动。

行动的快慢决定了企业组织在达成目标、实现经济利益或者在与对手的竞争中是取得胜利或是失败。

在中国家电企业中，海尔的发展速度是最快的，但与国际大公司相比，张瑞敏承认海尔还存在一定的差距。张瑞敏说：“与国际大公司相比，海尔在实力上还有一段距离。但是，海尔产品在美国、欧洲市场上升很快，虽然我们有很多地方不如国际大公司，但是我们是依靠速度去竞争，去取胜的。”

以速度求胜是海尔人的共识，在海尔到处可见的一条标语给人印象深刻“迅速反应，马上行动”。这是海尔要求每一位员工必须具备的工作作风。海尔的员工们都说，这八个字体现了海尔的市场观和服务观，也浓缩了海尔企业文化的力量。海尔人正是靠着高速度、高效率来赢得客户和市场的。

其实，不只在海尔，很多企业管理者都会有这样的共识，凡是发展快且发展好的世界级公司，都是执行力强的公司。盖茨曾坦言：“微软在未来10年内，所面临的挑战就是执行力。”IBM前董事长兼首席执行官郭士纳也认为：一个成功的公司管理者应该具备三个基本特征，即明确的业务核心、卓越的执行力及优秀的领导能力。

实用指南

德鲁克认为，对工作专注、用心以及坚持“速度第一”的原则，你一定能有效提高自己的执行力。

首先，对工作专注、用心是做好任何事情的前提条件，在执行工作任务时，先把心思集中到如何快速、高效完成任务的思考上来。其次，执行力高低的一个衡量尺度是快速行动，因为速度现在已经成为决定成败的关键因素。当然快与慢是辩证的，因为快速执行并不是要求你为了达到目标而不计后果，并不是允许任何人为了抢速度而降低工作的质量标准。迅捷源自能力，简洁来自渊博。员工的快速执行首先要建立在强大的思维能力基础之上。杰出的员工能够不断探寻业务模式和事物的因果关系，能够尝试从新的角度看问题。

悦读心得

德鲁克的这一思想对你有什么启示，请拿起笔，写下你的所感、所思、所得:

主动承担开创未来的责任

管理精粹

管理者要不想做一个平庸的管理者，就应该承担开创未来的责任。

《成果管理》德鲁克

精彩阐释

德鲁克认为，即便开拓未来具有很大的风险，但与墨守成规相比，这种风险依然小得多。墨守成规会使企业很快走上死亡的道路，而开拓未来会为企业赢得机会。

1993 年 2 月，李健熙到美国洛杉矶考察，目睹了三星的产品在国外的境遇。他去了很多电子卖场和大百货商店，看到三星的电子产品都被放在不起眼的角落，因无人问津而落满灰尘。而索尼的产品位置摆得却很显眼，买的人也多。李健熙当场就买了几个样品，回来后拆开发现，三星产品的零件比别人的多，价格却便宜20%。这就意味着三星的成本比竞争对手高，却卖不出好价钱。

国际市场把三星产品视为二流货，无疑给三星领导层以强烈的刺激。当时身为会长的李健熙扪心自问："我们离21世纪只有7年的时间了，世纪之交世界将会发生多少变革？走向21世纪的三星将如何立足于世界？"

美国之行结束后，李健熙随即决定，在三星进行一次天翻地覆的变革。他一气呵成写出《三星新经营》一书，作为企业未来发展的行动指南。他在该书的开篇提出"变化先从我做起"的口号，并作为三星的企业哲学和奋斗精神。号召公司以人才和技术为基础，创造最佳产品和服务，为人类社会做出贡献，积极投身于消费者中间，认识并且迎接来自全球的挑战，为全人类创造更加美好的未来。

要实现美好的设想，必须脚踏实地从一点一滴做起。哪里才是突破口呢？李健熙一针见血地指出：在全球一体化时代，品质就是企业竞争力的准绳，直接关系到企业的生死存亡。"三万个人搞生产，六千个人搞售后服务，这样的企业拿什么和人家竞争？由品质问题找出原因，想办法解决，要让我们的产品达到一流水准。哪怕把生产线停下来，哪怕会影响我们的市场份额。"

为此，他在"新"经营理念中，特别强调以质量管理和力求变革为核心，彻底改变当时盛行的"以数量为中心"的思想。李健熙先后同三星一千八百多名中高层人员一起召开会议，并于1993年6月7日在德国法兰克福提出了"新经营"宣言，以破釜沉舟的气势吹响了"新经营"的号角。

"新经营"使三星步入了品质取胜的良性发展轨道，创造出了三星崭新的企业文化。1997年的亚洲金融危机，使得大宇、起亚等不少当年与三星齐名的大企业先后倒下，然而身强体健的三星却挺了过来，并在国际市场上脱颖而出。时至今日，三星品牌已经成为世界上最具影响力的品牌之一。

由此可见，引领企业赢得未来，是管理者最为重要的责任之一。

实用指南

在德鲁克看来，开拓未来是管理者义不容辞的责任，也是管理者从优秀走向卓越必经的一堂课。在市场经济飞速发展的今天，很多管理者都有这样的体验：变化是唯一不变的真理。企业只有跟随市场的变化而变化，才能使自身具有竞争力。

悦读心得

德鲁克的这一思想对你有什么启示，请拿起笔，写下你的所感、所思、所得：

第三章

决策者要站得足够“高”和“低”

管理者要为决策找准方向

管理精粹

除了个别事情外，所有的决策都要坚持一种共性，也就是说要为决策设置出准则。

《卓有成效的管理者》德鲁克

精彩阐释

为决策设置准则就是为决策确定出方向。德鲁克认为，卓有成效的管理者会将决策当成一个有条理的处理过程，一个有清晰原则和明确顺序的处理过程。决策的准则决定着决策的目的和宗旨。

在微软，比尔·盖茨将微软自由工作氛围的建立放在两个方面。首先是舒适的工作环境，这包括了自然环境和人文环境。微软的研究所被称为“campus”，这与“大学校园”的英文单词是一样的，也正是微软自然环境的真实写照。在微软的研究所内，不仅拥有大量鲜花、草坪的园区，还有美丽的比尔湖，篮球场、足球场更充满校园气氛。舒适的自然环境，造就了微软优雅的工作环境，同时也成就了微软员工的高效率工作。

第二方面就体现在人与人之间的工作交流上。在微软中，最典型的沟通方式是“白板文化”。“白板文化”是指在微软的办公室、会议室，甚至休息室都有专门可供书写的白板，以便随时记录某些思想火花或建议。这样一来，有任何问题都可及时沟通，及时解决。白板文化不仅使员工充分得到了尊重，还使交流成为一种令人赏心悦目的艺术。

从上述案例中可以看出，企业的价值观和一贯坚持的企业精神往往会成为决策时所必须坚持的方向。

实用指南

事实上，只有符合企业价值观和一贯做法的决策才能较为容易地得到执行。这就提醒了管理者在做决策时要对企业以往的表现进行判断，使决策符合企业价值观和企业精神，避免因两者相悖而遭到抵触。

悦读心得

德鲁克的这一思想对你有什么启示，请拿起笔，写下你的所感、所思、所得:

审时度势做决策

管理精粹

管理者在决策时必须先从是非标准出发，千万不能一开始就混淆不清。

《卓有成效的管理者》德鲁克

精彩阐释

德鲁克认为，对一个决策方案来说，首先应要求它是正确的，也就是说，它可以实现决策目标，如果它不能实现决策目标，那么它就是错误的。

要想获得正确的决策方案，就必须做好决策形势的分析工作。决策形势是指决策面临的时空状态，也就是我们平常所说的决策环境。一个决策是否正确，能否顺利实施，它的影响和效果如何，这不仅取决于决策者本身，同时还直接取决于决策情势，并受到一系列自然环境和社会环境的制约。

1944年，盟军准备开辟第二战场。以艾森豪威尔为总司令的盟军司令部，经过缜密的研究，制订了在诺曼底登陆的“D日计划”，并决定于6月5日实施。希特勒也意识到了盟军将要在英吉利海峡东南岸登陆，但由于情报工作不力，他无法确定盟军将要在英吉利海峡最窄的加莱附近登陆，还是要在诺曼底地区登陆。因此他把兵力平分在加莱地区和诺曼底地区。

可见，这种情况对盟军是十分有利的，也就是说盟军司令部的决策是正确的。但是进入6月份后，决策情势的突变，即连日的暴风雨，却差点儿使盟军的登陆计划告吹。面对连日的暴风雨，盟军司令部有关专家认真地分析了气象资料，预测到在暴风雨的间隙中，即6月6日英吉利海峡将会出现一段好天气后，毅然于6月4日晚21时45分下令决定：“D日计划”改在6月6日执行。

而与此同时，德军错误地做出了另一个判断，他们认为，英吉利海峡气候将持续恶劣。因此德军最高统帅部做出了由于天气恶劣，盟军不会实施登陆作战的错误决策。于是军官休假了，海上与空中的侦察取消，负责守卫诺曼底地区的隆美尔元帅也于6月5日晨回柏林晋见希特勒，整个德军处于毫无戒备的状态。

结果，6月6日凌晨2时，盟军三个伞兵师空降到德军防线后方，接着展开大规模海、陆、空协同进攻。凌晨6时30分，诺曼底登陆取得胜利。

通过以上案例，我们不难看出，盟军正是由于正确分析并充分利用了决策情势，才取得了诺曼底登陆的最终成功，而德军也正是由于对决策情势的错误估计而导致了反登陆作战的惨败。

可见，全面分析决策情势对正确决策是极其重要的。

实用指南

决策行为实际上是决策者个人的主观因素和决策情势这两方面共同作用的结果。因此，为了提高决策的科学性，就必须要研究和重视决策情势在决策活动中的作用，最大限度地提高决策的安全系数。

悦读心得

德鲁克的这一思想对你有什么启示，请拿起笔，写下你的所感、所思、所得：

做决策时，长远发展和权宜之计要通盘考虑

管理精粹

管理者既要有“近忧”，又要有“远虑”。做决策时，必须通盘考虑长远发展与权宜之计。

《管理：使命、责任、实践》德鲁克

精彩阐释

德鲁克说，要做到有效管理并非易事，管理者既要有“近忧”，又要有“远虑”。管理者的任务就在于，首先规划出一个整体的目标，使整体目标的绩效大于部门目标的总和，并且要保证整体目标的顺利实现；另外，管理者要深入分析每一项决策的可行性，并有效协调近期目标和远期目标，不能顾此失彼。具体说来，管理者可以按以下几个步骤进行。

首先，高瞻远瞩，明确目标导向。

决策目标是决策者所要达到的决策结果及效率。它具有严格的规定性：一是质的规定性，二是量的规定性。前者是决定决策方向正确与否，效益及影响好坏的尺度。任何不符合组织成员利益的目标，以及违反客观规律的目标，都存在错误的质的问题。后者主要包括数量、时间两种规定性。数量定得太大，时间定得太紧，或者数量小，时间松，都会造成不必要的失误和损失。如果目标定得不切实际，无法实现，则会造成更大的灾难。只有注意做到质量与数量、速度与效益的统一，才能制定正确目标。

一切组织行动的目标不符合质与量上的客观规律，后果将不堪设想。

其次，识别问题，确立决策的具体目标。

识别问题能力的高低是领导决策能力高低的重要反映，是衡量一个

人杰出与平庸的尺度。领导者应通过信息反馈、对照比较、偏差记录、特征观察和组织诊断等方式发现问题与界定问题。发现问题并确认该问题有必要通过决策加以解决后，领导者就要确定目标。只有确定了正确的决策目标，才能为未来发展指明方向，没有目标的决策是盲目的决策。

再次，依据目标，拟订备选方案。

领导者的决策特别是重大决策应初拟几种可供选择的方案，本着择优汰劣原则，权衡利弊，全面对比，最后选择一个最佳方案，这就是我们常说的“可行性分析”。拟订备选方案，须依据一定的目标，有了目标，就有了拟订备选方案的准则和尺度。现代决策一般要求有多个备选方案以供选择。如果只有一个方案，决策实施孤注一掷，即使成功了也是侥幸。

接下来，权衡利弊，优选行动方案。

达·芬奇认为，为了获得有关某个问题的构成的知识，首先要学会如何从许多不同的角度重新构建这个问题。人们发现自己看待某个问题的第一种角度太偏向于自己看待事物的通常方式，就会不停地从一个角度转向另一个角度，重新构建这个问题。人们对问题的理解随着视角的每一次转换而逐渐加深，最终便抓住了问题的实质。领导者对备选方案分析对比，选择最优方案，这是决策过程的关键一步。

最后，指导实施，进行反馈调控。

决策的实施过程，也是反馈调控的过程，即领导者将决策的实施情况与结果的信息反馈到整个运作过程中，以做到发现偏差，采取纠偏措施，使决策目标或方案不断完善。

我们并不要求领导者在每次决策中都必须亦步亦趋地完成以上步骤，尤其是许多危机决策和现场决策，领导者根本就没有时间考虑那么多，只能说将这种决策思维养成一种习惯，然后灵活运用。

实用指南

管理者要将近期和远期作为两个时间维度，即使我们不能使两个维度的决策保持一致，至少能够在两者之间找到一个平衡。有时，我们不得不为了长远利益而牺牲当前，但是我们必须仔细考虑这种牺牲的尺度。反之亦然，管理者必须将利益的牺牲降到最低。

悦读心得

德鲁克的这一思想对你有什么启示，请拿起笔，写下你的所感、所思、所得：

决策者要站得足够“高”和“低”

管理精粹

管理者应该站得足够“高”，才能有权制定决策；同时，也必须要站得足够“低”，这样才能获得决策的详细资料。

《管理：使命、责任、实践》德鲁克

精彩阐释

德鲁克认为，管理者在做决策的过程中，不仅要顾全大局，也要倾听下属的意见。“大局”既包括组织，也指国家和社会，最好的决策应是与领导者所处的大环境的战略目标相一致的。卓越的领导者应该有大雕塑家罗丹为全局而抛部分，为大利而抛小利的见识与勇气。

相传罗丹在完成了法国大文豪巴尔扎克的雕像后，请他的学生们来观赏。学生们对老师的杰作无不敬佩，而且不约而同地把目光集中在巴尔扎克的一双手上。学生们说：“多么奇妙的手啊！”于是，罗丹就毫不犹豫地砍掉了这双“奇妙”的手，这就是人们现在所看到的无手的巴尔扎克的塑像。罗丹对学生们说：“这双手太突出了，它们已不属于这个形象的整体了。记住，一件真正完美的艺术品，应该是没有任何一部分比整体更重要。”手是没有了，最好的元件被砍掉了，但整体形象更为传神。

领导者在决策前就要对事件进行周详考虑：是有利无害，还是有害无利，或是有害有利。在有利无害时，要权衡利大利小；在有害无利时，要权衡害大害小；在有利有害时，要权衡利大害小，害大利小或利害相当。利害不清，不能决策。

求利原则，是决策者的价值取向。但“利”有“近利”和“远利”；“小利”和“大利”；“自利”、“他利”和“共利”。高素质的领导者，总是瞻前顾后，有大系统观；居高临下，有大局观；寓“自利”于“他利”和“共利”之中，有大哲学观；融经济效益与社会效益于一体，有大效益观。详虑，需要大智大勇。放弃眼前利益，以求长远的发展；牺牲局部利益，以求全局的发展。

实用指南

企业的决策，应该尽可能交给最下层的管理者制定，或者由“最接近事件发生现场”的管理者决定。但是，也要兼顾可能会受到影响的企业活动及目标。

悦读心得

德鲁克的这一思想对你有什么启示，请拿起笔，写下你的所感、所思、所得：

理所当然做出的决策往往是不正确的

管理精粹

觉得理所当然很容易做出的决策，结果往往会是错误的。

《管理：使命、责任、实践》德鲁克

精彩阐释

德鲁克说：“在一个既定计划中，若没有明确指出具体实现的方法、执行顺序、执行负责人，以及实际执行人，那么这样的决策，便不是真正的决策，而不过是个意图罢了。”经营者必须把握住企业自身的经营原则，经过反复论证再进行决策。事实证明，觉得理所当然很容易做出的决策，结果往往是错误的。所以，做决策前一定要谨慎。

1992年，事业发展如日中天的史玉柱决定建造巨人大厦，当时巨人的资产规模已经超过1亿元，流动资金数百万元。最初的计划是盖38层，大部分自用，并没有搞房地产的设想。

这年下半年，一位领导来巨人视察，当他被引到巨人大厦工地参观的时候，四下一看，便兴致盎然地对史玉柱说，这座楼的位置很好，为什么不盖得更高一点？就是这句话，史玉柱改变了主意。巨人大厦的高度的设计从38层提高到54层。

这时候，又一个消息传来，广州想盖全国最高的楼，定在63层。这时又有人建议史玉柱应该为珠海争光，巨人大厦要盖到64层，夺个全国第一，成为珠海市标志性建筑。

到1994年年初，由于多方面的原因，巨人大厦的高度索性定在了70层。

这就是最后导致史玉柱失败的巨人大厦的投资决策过程。在整个国家都处在激进洪流中的时候，是没有人会察觉出这一连串的偶然和随意中所蕴含的风险的，没有人看见危机的导火线从此时开始已经在咝咝冒烟了。

在当时，盖一座38层的大厦，大概需要资金2亿元，工期为2年，这对巨人集团来说，并非不能承受。可是，盖70层的大厦，预算就陡增到了12亿元，工期延长到6年。不但在资金上缺口巨大，而且时间一长，也充满了各种变数。

另一个例子是飞龙集团，它的衰落令人叹息，飞龙集团的总裁姜伟在他的《总裁的20大失误》一文中，历数了自己在决策方面所犯的三个失误：

一、决策的模糊性

不熟不做是商业法则之一，但有一段时期，总裁过于强调商业多元化，涉足了许多不熟悉的领域。同时，有许多事情也是总裁不熟悉的，又没有熟悉这方面的人才来操作，所以盲目决策和模糊决策时有发生，凭着“大概”、“估计”、“大致”、“好像”等非理性判断进行决策。

二、决策的急躁化

市场经济有始有终，凡是商人，必须以平静的心态面对无休止的市场竞争。在近 6 年的企业发展过程中，尤其是在企业发展的关键时期，总裁经常处于一种急躁、惊恐和不平衡状态，导致全体干部也如惊弓之鸟。

三、决策的浪漫化

在一个知识分子较多的企业当中，有一点知识分子固有的浪漫化的企业文化是无可非议的。但是，总裁在 6 年经营实践当中，淡化了企业利润目的，决策过于理想化，导致飞龙集团大部分干部在企业运行过程中，出现严重的浪漫主义的倾向，不计成本，不算利润。

总结失误原因，可以说都是非理性惹的祸。怎么避免？就要先“刻板”地学会理性决策的规律，再从其中提炼出适合于领导自身的决策风格。

实用指南

在领导的整个决策过程中理性的心态至关重要。因为卓越的领导追求的是持续的发展，而不是“瞎猫碰死耗子”的好运，要把握命运，理性决策是领导者的必修课。

悦读心得

德鲁克的这一思想对你有什么启示，请拿起笔，写下你的所感、所思、所得：

能被人接受的决策未必是最好的决策

管理精粹

再了不起的决策，也不可能永远都正确；即使最有效的决策，总有一天也会被淘汰掉。

《卓有成效的管理者》德鲁克

精彩阐释

德鲁克说，决策是人做的，人难免会犯错误。所以，若想了解赖以做出决策的前提是否仍然有效，或者是否已经过时，只有亲自检查才行。

第二次世界大战时，德国曾经对英国进行连续的轰炸。当时英国皇家空军力量比较弱小，战斗机数量仅为德军对英作战飞机的1/7。为了缩小两军空中作战飞机的力量对比差距，英国皇家空军司令部做出了“尽可能多地使飞机处于飞行状态，至少不低于70%”的决策。他们这样做的目的是想减少英德空军作战力量对比的差距。

因为从表面看来，在英国飞机总数与德军飞机总数相差悬殊的情况下，尽量增加空中作战飞机数量会大大减少英国皇家空军的作战劣势，效果似乎是显而易见的。但事实却相反。因为处于飞行状态的飞机数量增多了，被德军飞机击伤或击落的可能性也会随之增大，最终结果是能在空中作战的飞机反而越来越少。

英国马上意识到了当初做出决策时的后果预测是不正确的，因此，他们及时进行了决策调整，使35%的飞机处于飞行状态，因为经过研究，这是一个既能保证全部飞机飞行时间最长，又能保证每个战斗机组的战斗力最强的数字。果然，在两军总体力量对比悬殊的情况下，取得了较为满意的、也是最大可能的战果。

可见，对决策后果的预先正确评估，对于实现决策的科学化是多么的重要。因此，在管理中，管理者不仅要能做出正确的决策方案，还要对决策后果进行恰如其分的估量。

实用指南

在做出最终决策之前，对每一个备选方案的实施后果进行客观、公正的预估和评价，这既是保证决策科学性的重要前提，也是方案择优的根本依据之一。如果对某一方案的实施后果做出了错误的估计，那么往往会导致决策的失误。

悦读心得

德鲁克的这一思想对你有什么启示，请拿起笔，写下你的所感、所思、所得:

决策也需要勇气

管理精粹

做决策不仅需要判断力，更需要勇气。

《卓有成效的管理者》德鲁克

精彩阐释

德鲁克认为，利润与风险成正比。越是最危险的地方，越是有最大的利润。这是经商之要诀。许多人对此都烂熟于心，但缺乏运用的真功夫。何以如此呢？关键之一就是决策时没有冒险的勇气。

1600 年前后，摩根家族的祖先从英国迁移到美洲，到约瑟夫·摩根的时候，他卖掉了在马萨诸塞州的农场，到哈特福定居下来。

约瑟夫最初以经营一家小咖啡店为生，同时还卖些旅行用的篮子。这样苦心经营了一些时日，他逐渐赚了些钱，就盖了一座很气派的大旅馆，还买了运河的股票，成为汽船业和地方铁路的股东。

1835 年，约瑟夫投资参加了一家叫作“伊特纳火灾”的小型保险公司。所谓投资，也不要现金，出资者的信用就是一种资本，只要在股东名册上签上姓名即可。投资者在期票上署名后，就能收取投保者交纳的手续费。只要不发生火灾，这无本生意就稳赚不赔。

然而不久，纽约发生了一场大火灾。投资者聚集在约瑟夫的旅馆里，一个个面色苍白，急得像热锅上的蚂蚁。很显然，不少投资者没有经历过这样的事件。他们惊慌失措，愿意自动放弃自己的股份。

约瑟夫便把他们的股份统统买下。他说：“为了付清保险费用。我愿意把这旅馆卖了，不过得有个条件，以后必须大幅度增加手续费。”

这真是一场赌博，成败与否，全在此一举。

另有一位朋友也想和约瑟夫一起冒这个险。于是，两人凑了 10 万美元，派代理人去纽约处理赔偿事项。结果，代理人从纽约回来的时候带回了大笔的现款。这些现款是新投保的客户出的比原先高一倍的手续费。与此同时，“信用可靠的伊特纳火灾保险”在纽约名声大振。这次火灾后，约瑟夫净赚了 15 万美元。

这个事例告诉我们，能够把握住关键时刻，通常可以把危机转化为赚大钱的机会。冒险是上帝对勇士的最高嘉奖，不敢冒险的人就没有福气接受上帝恩赐给人的财富。

任何一个企业要想做大，所面临的风险都是长期的、巨大的和复杂的。企业由小到大的过程，是斗智斗勇的过程，是风险与机会共存的过程，随时都有可能触礁沉船。在企业的发展过程中常常会遇到许多的困难和风险，如财务风险、人事风险、决策风险、政策风险、创新风险等。要想成功，就要有“与风险亲密接触”的勇气。不冒风险，则与成功永远无缘。

其实，很多事在未真正完成之前，都是具有风险性的，常常会有一波未平，一波又起的时候，也常常会有看似平静，但内部暗藏危机的时候，商场上更是如此。但是一旦你勇于去开始，敢于去克服那些困难，那么在最后你将会有意想不到的收获。在那些看似难以捉摸的风险背后，往往隐藏着巨大的财富。

实用指南

任何一件事情都有成功和失败两种可能。当失败的可能性大时，却偏要去做，那自然就成了冒险。问题是，许多事很难分清成败可能性的大小，那么这时候也是冒险。而商战的法则是只有敢于冒险，才会有获得成功的可能。

悦读心得

德鲁克的这一思想对你有什么启示，请拿起笔，写下你的所感、所思、所得:

不转化为行动的决策形同虚设

管理精粹

只有将决策变成了具体工作和责任时，决策才彰显价值。

《卓有成效的管理者》德鲁克

精彩阐释

德鲁克认为，管理者不仅要善于决策，更要善于行动。行动才能出结果，要想使决策取得成功，就必须付出行动，而且还必须在第一时间付出行动。成功不能靠等待得来，而是做到后获得的结果。

有一天，联邦快递公司内的风险管理部门接获警方的来电，告诉他们有一栋办公楼的租户报案，说他的车子早上在停车位上，被一部联邦快递的运货车擦撞，但是车主是经由一位目击者的转告才知道，所以没有记下任何车子的资料。

该部门的经理接获报案后，随即利用数位辅助调配系统（DADS）发送一则讯息，要当天在附近执行递送任务的运务员与服务站联络。到了下午两点半，一位运务员回到服务站，慌慌张张地向这位经理报告，他早上执勤时撞到一辆停在旁边的车。

运务员的报告指出是在其要将货车倒入停车位时，不小心撞到停在左边的车子。他赶紧下车检查对方车辆的受损状况，车子损害不大，加上担心会延误后续的快递流程与时效，所以赶着去送货而没有马上报告发生的事故。但他绝对不是有意隐瞒不报，而是想在送完货后，回服务站再立即呈报。他坦承自己的处理有过失，愿意接受公司的处分。

营运经理在评估整个事件时，认为运务员延迟三个小时才汇报是事实，在肇事后驶离现场，也没有留下任何讯息给车主，这明显地违反公司对车祸汇报的规定。因此他做出了开除这名员工的处分。

克服拖延的毛病，培养一种简捷高效的工作风格，可以使公司的绩效迅速提升，并使每一位员工的工作乃至生命都更富有价值。同样，决策需要行动，没有行动的决策只能是一种想法，不能借助于行动的决策等于没有决策。有了决策就马上去行动，决策必须转化为行动，因为只有行动可以证明决策的价值。

如果决策不能转化为行动，那就是空谈，毫无价值。德鲁克认为，要将决策转化为行动，必须先明确无误地回答下列问题：决策必须要让哪些人知道？必须采取什么行动来贯彻落实？应由哪些人来执行？这一行动应该包含哪些内容、经验和标准，以便让执行决策的人有所遵循？管理者通过回答这些问题，使决策真正被分解成一个个具体的行动，从而使决策产生出应有的效益。

实用指南

有效管理的秘诀在于：只有你的行动，才能决定你的价值。拿破仑说："想得好是聪明，计划得好更聪明，做得好是最聪明又最好。"在卓越管理者的眼中，思想与行动同等重要。如果你每天都想着做什么，而不付诸实际行动，那只能是空想，永远也不会成功。

悦读心得

德鲁克的这一思想对你有什么启示，请拿起笔，写下你的所感、所思、所得：

第四章

管理者该如何成功营销而减少推销

真正的营销是满足“顾客考虑的价值”

管理精粹

真正的营销不是跟顾客说“这是我们的产品”，而是对顾客说“这些能够满足你们的真正需求”。

《管理：使命、责任、实践》德鲁克

精彩阐释

德鲁克认为，“顾客考虑的价值是什么”是最为重要的一个问题，但也是最少被提出的一个问题。这是因为管理者始终确信他们知道这个问题的答案，顾客考虑的价值就是他们在企业中所规定的质量。事实上，这是一个永远错误的答案。对顾客而言，价值的真正含义是某种需求的满足。因此，是否将企业的产品和服务同顾客的需求联系起来，是企业成功与否的关键之一。

理查德·西尔斯开创他的事业时，只拥有一个小商店，实力十分弱小。当时，很多商人都把目光停留在城市上面。西尔斯曾经也只想做城里人的生意，但当他发现城里竞争太激烈，而他的实力相对于其他商人来说太弱小时，他就转而把目光放在了农民身上。

当时是19世纪中后期，美国农村还十分落后，生产力水平低下，机械化程度不高，农民的收入自然也很低，购买力不足。但西尔斯通过分析认为，农村市场潜力巨大，而且随着农村的发展，购买力将会大大提高。于是，西尔斯以较低的价格购买了一批因债权纠纷积压的物资，拉到农村去销售。

正是这次行动让西尔斯对当时美国农民有了更多的认识。他发现农村和城市存在很大的差别。农村与城市相距很远，农民在思想上都较为保守，他们害怕和城里人打交道，因为他们认为城里人太精明，会欺骗他们，即使你送货上门，他们也怕上当。

了解了农民的这种状况之后，西尔斯想出了办法。他立即组织货源，而且尽可能降低售价，农民通过对比，就逐渐地对他产生了信任，于是西尔斯的信誉开始建立起来。1895年，理查德·西尔斯的继任者罗森沃尔德开始经营西尔斯公司，他依然把目光放在农村市场。

为了进一步取得农民的信任，罗森沃尔德大胆地提出了“保证满意，否则原款奉还”的经营方针。这一方针在后来被很多人使用过，但在当时，还没有第二个人敢那么做。

很快，西尔斯公司成了知名公司，买方不再提心吊胆，倒是卖方更为谨慎，服务更加到位。为了提供更方便的服务，西尔斯公司以邮售的方式开展业务。他们先对农村市场进行周密的调查，准确把握农民的需求，然后编制邮购产品手册。在这套手册上，凡是农民生活所需的东西，均可以找到。从此，农民就无须到很远的城市去购物了。

西尔斯公司营销出发点不是告诉顾客他们的产品是什么，而是从顾客的需求出发，为顾客提供满足需求的产品，并尽可能提升顾客购买产品的便捷性，最大限度地降低顾客的购买成本。所以，在为农民提供方便的同时，西尔斯公司也逐步发展成一家大型商业公司。管理者应从中得到一些重要启发。

实用指南

现在的企业都提倡并奉行以顾客为导向，以满足顾客需求、创造顾客需求为营销重点。这是正确的，因为，能够准确地满足或创造顾客的需求意味着顾客会满意，因为满意继而产生购买及持续购买的决定。

悦读心得

德鲁克的这一思想对你有什么启示，请拿起笔，写下你的所感、所思、所得：

市场和分销渠道常常比产品更重要

管理精粹

管理层可以下命令改变产品，但是他们却无法命令市场发生改变或分销渠道发生变化。所以，从某种意义上说，市场和分销渠道常常比产品更重要。

《成果管理》德鲁克

精彩阐释

德鲁克认为，管理层可以下命令改变产品，但是他们却无法命令市场发生改变或分销渠道发生变化。所以，从某种意义上说，市场和分销渠道常常比产品更重要。而管理者要实现对自己的产品和分销渠道进行有效的管理，可以从市场细分入手。

市场细分是美国市场学家温德尔·史密斯于 1956 年提出来的。它从顾客的购买欲望和需求的不同出发，将一个整体市场划分为不同的分市场，而每个分市场都会有一个固定的消费群。

而海尔的细分市场战略则是他们 49 个经营准则中的重头戏。海尔在透析消费者心理方面是做得非常到位的。

细心的消费者会发现，在北京和上海购买的海尔冰箱是不一样的。北京市场上的冰箱粗犷、宽大，而在上海市场上购买的冰箱则瘦窄、秀气。因为据海尔研发部的市场调研发现，上海家庭住房面积普遍比北京狭小，喜欢精细的上海人也难于对笨重的大物件感冒，所以这款叫“小王子”的冰箱推出后在上海非常畅销。

在农村市场，虽然海尔已经注意到农村冰箱的需求量上升得非常快，但是他们并没有把现有的冰箱拿到农村去。因为他们通过调研发现：农村的消费水平比较低，海尔冰箱现在的价格农民难以接受，并且农村的电压波动上下不能超过5%。为此海尔派人专门测试了农村冰箱的用电环境，发现电压最低时只有160伏。而冰箱最怕的不是高压，而是低压，如果低压时间长了，压缩机就会烧坏。于是海尔根据农民的需求进行了很精准的定位，大幅度削减了现有冰箱的功能，多余的功能取消之后，价格自然就下降了。同时，海尔对压缩机进行了全新的改造，使之适应农村的低压启动。结果，这种冰箱当然在农村得到了畅销。

在面对一个竞争十分激烈的市场时，企业能做的就是，通过市场细分，对每一个细分市场的购买潜力、满足程度、竞争情况等进行分析对比，探索出有利于本企业的市场机会。但需要注意的是，并不是什么时候都可以做市场细分的。比如在中低档轿车市场上，追求市场细分对产品的销售弊大于利。一些市场细分做得比较好的车型，像赛纳和毕加索销售一直不尽如人意，即使是宝来，现在的销售状况也不容乐观。相反，一直卖得比较好的反而是一些市场细分比较模糊的车，像普桑、捷达等车型。因为在中低档轿车市场上，消费者主要看重车的价格、配置以及未来维修和保养的费用，品牌忠诚度普遍比较低，买车主要以实用性为主，比如说买夏利或羚羊的消费者，你很难说他是冲着某种概念或是时尚去的，因此产品细分化对消费者的吸引力十分有限。

实用指南

市场和分销渠道是值得高度重视和广泛研究的，企业通过对它们的分析可以挖掘到新的发展机会。因为，企业只有知道产品最有市场前景的成果区，才能抓住自己的核心发展业务。

悦读心得

德鲁克的这一思想对你有什么启示，请拿起笔，写下你的所感、所思、所得:

为产品做出合适的价格定位

管理精粹

产品定价的出发点应该是顾客支付得起并且也愿意支付的价格。

《管理的实践》德鲁克

精彩阐释

企业生产产品的目的就是为了让顾客购买，而购买的多少与顾客的购买力密切相关。因此，德鲁克认为，只有制定顾客支付得起并且愿意支付的价格，顾客才会实施购买行为，企业才能完成销售。

在特定的消费群里，以市场或者顾客最想支付的价格为出发点来设计和定价产品，才是最保险的策略。

奇瑞 QQ 是现代都市的一道亮丽的风景线，它之所以能迷倒那么多人，与市场需求、价格定位是分不开的。

奇瑞 QQ 的目标客户是收入并不高但有知识、有品位的年轻人，同时也兼顾有一定事业基础、心态年轻、追求时尚的中年人。一般大学毕业两三年的白领都是奇瑞 QQ 潜在的客户，人均月收入 2000 元即可轻松拥有这款轿车。

许多时尚男女都因为 QQ 的靓丽、高配置和优良的性价比而把这个可爱的小精灵领回家，从此与 QQ 结成快乐的伙伴。为了吸引年轻人，奇瑞 QQ 除了轿车应有的配置外，还装载了独有的“I say”数码听系统，成为“会说话的QQ”，堪称目前小型车时尚配置之最。

据介绍，“I say”数码听是奇瑞公司为用户专门开发的一款车载数码装备，集文本朗读、MP3播放、U盘存储等多种时尚数码功能于一身，让QQ与电脑和互联网紧密相连，完全迎合了离开网络就像鱼儿离开水的年青一代的需求。

在产品名称方面，“QQ”取自网络语言，意思为：“我找到你。”如此一来，就使得“QQ”突破了传统品牌名称非洋即古的窠臼，充满时代感的张力与亲和力，同时简洁明快，朗朗上口，富有冲击力。

在品牌个性方面，QQ被赋予了“时尚、价值、自我”的品牌个性，在消费群体的心理情感中注入品牌内涵。

品牌的市场价格定位，就是要确定企业的品牌情感到底是要凝聚在谁的身上。对于大多数做产品的企业来说，这种品牌情感一定是落在需要你产品的那群消费者身上，并且满足他们的购买力。

柯达公司在创业初期就发现了一个问题：当时的照相技术要调光、调焦等复杂步骤让大多数顾客望而生畏，人们对摄影技术所知甚少，所以导致产品不好卖。为了解决这一难题，柯达公司不惜投入巨资，试图研究一种自动对光、自动调焦的相机。

柯达公司花费了好几年心血，终于研发成一种无须手动调焦、手动对光，只要对准目标按下快门，就能获得自己理想照片的相机。即便是一个对摄影技术一无所知的人只要点拨，就能使用这种相机。因此，这种相机被称之为“傻瓜照相机”。

换成别的公司，可能会趁此机会将相机的价格定得很高，大赚一笔。但柯达公司恰恰相反，他们想到的是放长线钓大鱼。这种相机上市以后，价格低到了令人难以置信的地步，人们甚至怀疑这种相机能否照出影像。经过一段时间的宣传，人们纷纷踊跃购买，表现出了极大的兴趣，同时也得到了人们的认可。

人们都为能够拍出理想的相片而兴奋不已，消费者看起来是占到了便宜，实则柯达公司才是最大的赢家。随着“傻瓜照相机”的大量售出，柯达品牌的胶卷、相纸乃至整个柯达彩扩业都因此而受益，摆脱了曾经那种死气沉沉的局面。

人们手中有了相机就必然要在这些领域里不断消费，柯达在一开始就盯准了一个更有潜力的市场。因此，它并不急于收回成本，而是舍小求大，获取了更多的利润。

柯达的营销手段是精明的，当他把花费大价钱开发出的相机以低价出售时，实际上是只抛出一块砖石，它要引出后面的胶卷和相纸，激活它们的市场。这可以看作是一种销售策略，只有买相机的人多了，才能够售出更多的胶卷和相纸。

实用指南

以市场或顾客最想支付的价格为出发点，来定价自己的产品，才是最保险的战略。这样做确实会遇到很多麻烦，但比起企业以成本为出发点来定价的方法要好得多。

悦读心得

德鲁克的这一思想对你有什么启示，请拿起笔，写下你的所感、所思、所得：

要明白顾客都是“懒人”

管理精粹

在现在商业社会中，销售通路的变化频率越来越快，变动的速度远远超过技术的发展速度和顾客的期望。

《成果管理》德鲁克

精彩阐释

德鲁克说，在一个快速变革的时代，销售渠道的变革比任何其他事物都要快。他很有预见性地肯定了信息革命对销售渠道变革的影响也最大。在他的眼里，网络使家庭主妇成了购买汽车的决定者尽管她不喜欢和汽车销售商打交道，但网络使她坐在家里就能够完成整个购买过程。越来越多的消费者会通过网络来购买自己所需要的产品，省了许多奔波之苦。这是许多网店获得成功的根本原因。

淘宝网的出现，改变了许多人的购物方式，在淘宝网上购物成为许多消费者生活的一个重要部分。从 2003 年创立以来，淘宝飞速成长的势头就没有停过。2007 年淘宝的交易额达到惊人的 433 亿元，超过了沃尔玛和家乐福在中国销售额的总和。从淘宝网的成功就可以看出，让消费者更“懒惰”，让他们坐在家里就可以完成交易，这是一个多么值钱的商机。

电子商务只是商业中的一种方式，但这给我们带来了重要的商业启示：新的消费变革正在发生，顾客对产品或服务的便捷性要求越来越高。国内著名零售企业苏宁电器公司曾在全国范围内做过一次服务调研活动，通过电话回访、街头拦截、VIP 会员深度访谈等方式对全国近 10 万名消费者进行了满意度及服务需求的深入调研。在此次调研中，便捷性成为出现频率最高的词语之一。

实用指南

从商业竞争的角度来考虑，市场中没有懒惰的顾客，只有懒惰的商人。顾客的需求和期望蕴含着巨大商机。成功的企业之所以成功就在于迎合了消费者的懒惰心理，提供了更为便捷的产品或服务，让消费者在享受产品或服务上越来越轻松，提升了顾客的生活舒适度，从而获得消费者的忠诚和依赖。

悦读心得

德鲁克的这一思想对你有什么启示，请拿起笔，写下你的所感、所思、所得：

市场潜力比当前销售额重要得多

管理精粹

单看销售额毫无价值，必须同时考虑实际及潜在的市场，才会有意义。

《管理的实践》德鲁克

精彩阐释

德鲁克说，绝大多数有关销售成绩的衡量，无论是就总的销售人员来说，或就个别销售员来说，都是按其销售总金额来计算的。但这在许多企业中却是一个不恰当的数字。同样的销售金额，有的可能意味着有巨大的利润；有的完全没有利润；有的有相当大的损失。因此，单看销售额是没有意义的，必须同时考虑实际及潜在的市场。事实上，市场潜力比当前销售额要重要得多。

20 世纪 90 年代中期，牛根生是伊利的一名员工。那时，伊利推出了冰淇淋新品“苦咖啡”。

有位地位显赫的女士来伊利参观。这位女士有糖尿病，按理说不能吃甜食，但尝了“苦咖啡”后，连声说好，还要了第二根。

当时，牛根生正在内蒙古工学院学计算机，周围都是些爱吃雪糕的女孩，但问起“苦咖啡”，谁都不知道。

在把这两件事联系在一起后，牛根生不禁想：连糖尿病人都抑制不住连吃两根“苦咖啡”，我们却把它“藏在深闺人不知”，这怎么行呢?

按惯例，冬季是冰淇淋业的淡季，但牛根生却把工人召集到一起：咱们今年冬天做一次营销，让人们在大冬天里吃雪糕！这就是企业要勇于创新，想前人之不敢想、做前人之不敢做。

经商定，伊利首先在呼和浩特与包头两个市做试点。

当时的广告创意是：一个天真可爱的小男孩，手持“苦咖啡”，初咬一口，眉关紧锁苦！越吃越香，露出灿烂的笑容甜！旁白：“苦苦的追求，甜甜的享受！”

一句广告语，赋予了“苦咖啡”无限的联想，后来还成为公司的经营理念之一。

在当时，牛根生采取了国内从未有过的传播策略：只要有广告时段，就加入“苦咖啡”广告，以达到无孔不入，无人不知的目的。这种高密度、全覆盖广告法赢得了立竿见影的传播效果。

1996 年 12 月，呼和浩特和包头两市满大街都是“苦咖啡”，淡季变成了旺季。事实证明，牛根生是对的。高密度、全覆盖的传播策略，让“苦咖啡风暴”跳出了区域市场，刮向了全国。

1996 年，“伊利雪糕进军亚特兰大奥运会”的事件让伊利的形象广告首次走入了中央电视台。

1997 年，“苦咖啡风暴”又让伊利的产品广告首次登陆中央电视台。

1997 年一年，“苦咖啡”单品销量创纪录地突破 3 亿元。

牛根生的梦想终于实现了：伊利雪糕借助“苦咖啡风暴”迅速风靡全国，销售额由 1987 年的 15 万元增长为 1997 年的 7 亿元，被誉为“中国冰淇淋大王”。

孙子说：“故兵无常势，水无常形，能因敌变化而取胜者，谓之神。”意思是说：“战争无固定不变的态势，流水无固定不变的流向。能随着敌情发展变化而采取灵活变化措施取胜的人，才称得上是神秘莫测的高明者。”市场是时刻变化的，管理者绝不能被一时的销售额蒙蔽了眼睛，要有远见，通过对市场潜力的正确认识来帮助企业领跑未来。

实用指南

变则通，通才会赢。企业只有提升产品和服务的便捷性，迎合顾客的心理，与消费者与时俱进，才能在纷繁复杂的商场稳固自己的地位。便利是一种重要的市场需求。随着社会的高速发展，人们生活的节奏日益加快，消费者开始要求生活各方面都能高效便捷。商业的根本是建立在消费者的需求上，显然，能够提供更为便捷的产品或服务的商家就会在竞争中更有优势，就会更容易获得顾客的青睐。过分依赖老的办法与旧的成功产品，就不会去注意市场上的新变化与企业内部创新的新发展潜力。

悦读心得

德鲁克的这一思想对你有什么启示，请拿起笔，写下你的所感、所思、所得：

营销的最高境界就是消除推销

管理精粹

也许企业不能彻底避免推销，但营销的真正目的恰恰是通过对顾客的透彻了解，使产品真正满足顾客需求，从而使推销变得可有可无。

《管理：使命、责任、实践》德鲁克

精彩阐释

德鲁克说，卓有成效的营销能够使顾客主动登门，剩下的事就是如何便于顾客得到产品或服务。因此，营销的最大的价值就是消除推销。

1974 年的一天，风和日丽，迈阿密海滨浴场游人如织。在众多游客中有一个妙龄女郎，她款款走入了碧蓝的海水中，在深水区像美人鱼似的游来游去，优美的泳姿不知吸引了多少游客的注意力。

这时，不幸发生了，只见那美女突然泳姿尽失，双手不住地乱摇，在水中苦苦挣扎。惊愕的游客一下子清醒过来，不约而同地高呼：“不好了，那个姑娘可能抽筋了！”

随着人们的惊呼声，一位身材修长的青年男子跃身入海，并很快救出了遇难女郎。人们纷纷围拢上来，向女郎表示问候，并称赞青年男子英雄救美的壮举。

正在这时，有个手持照相机的摄影者挤进人群，将一些照片拿出来让人们观赏：美丽的风光、美丽的女郎，英雄救美的场面，以及表情各异的无数游客。许多人都从照片上找到了自己，人们纷纷发出了惊讶的疑问：这是怎么回事？真是奇迹，照片竟然这么快就印出来了？

这时，摄影者举起相机，得意地说："看，这是宝丽来的新产品'拍立得'相机，拍摄后60秒就可以拿到照片。"游人们从来没见过这种相机，争先恐后地观看这种新型相机，有人还愿出钱请摄影者用这个相机当场给自己拍摄一张。"拍立得"相机立刻成了人们关注的焦点。

原来，刚才让游人惊心动魄的一幕，是美国宝丽来公司为吸引大众的注意力而精心策划的一场戏。它利用各种注意的混合和转化，使人们将注意力从美女身上转移到英雄救美的情节上，最后又转移到"拍立得"相机的奇特功能上。

这场戏的结尾是，游人们回去后不仅会说英雄救美的见闻，也会说："拍立得"的奇特功能，成为"拍立得"的义务宣传员。果真，1974年"拍立得"上市后，人们纷纷争相购买，有的商店甚至将橱窗里陈列的样品也卖掉了。

在拍立得的这场营销策划中，企业营销人员始终没有直接向顾客宣传相机的好处。其实，他们早已把握顾客的购买期望。任何消费者都希望购买到一款画面清晰、外观可爱，并能快速冲洗的相机，而拍立得恰恰具有这些优势。他们通过一场独具匠心的营销策划使这些优势完美地展现在顾客面前。显然，有了这种营销，企业无须再做推销，因为顾客已经开始争抢购买。

实用指南

作为管理者要明白好的营销总是能举重若轻，仅用很小的力量就能撬动市场。所以，在营销管理中，要发挥下属人员的智慧。管理者对下属人员的建议反应恰当与否，直接关系到下属人员的积极性、创造性。同时，对下属人员的反应恰当与否，也关系到企业的前途命运。

悦读心得

德鲁克的这一思想对你有什么启示，请拿起笔，写下你的所感、所思、所得:

销售渠道也要“精耕细作”

管理精粹

企业只有具有一个畅通的销售通路，才能把产品运送到顾客手中。

《成果管理》德鲁克

精彩阐释

德鲁克说，每一个组织都有它自己的“销售商”，而他们正是组织里的第一个顾客。这些顾客决定着企业的产品与消费者的距离，任何企业都必须对他们进行精耕细作，从而获得畅通的销售通路。

1991 年在推广果奶的时候，娃哈哈就已经跨过亿元的门槛，但开始只是在几个城市市场推广，成功后便把全国市场分割成几个大片。到了 1994 年，全国销售额超 7 个亿，娃哈哈遇到了瓶颈，要想销售再上一个台阶，市场的区域需要进一步细分。

当年年底，宗庆后召开全国经销商大会，创立了联销体，网络分割从大片下降到了省，当时几乎各省会城市都有批发市场，产品通过批发市场辐射下去，尽管这时的区域划分是比较粗放的，但是相比当时的竞争对手太阳神、乐百氏来说，娃哈哈的区域分割已经更合理、更均匀了。它促使娃哈哈的业绩更上一层楼。

到 1995 年年底，娃哈哈靠着果奶、AD 钙奶等产品的成功，全国销售额达到了 8.8 个亿。1996 年，引入达能后推出了娃哈哈纯净水，并很受欢迎。这时，以省级批发为单位的销售通路难以支撑当年 10 亿元销售目标的完成。宗庆后及时对区域又进行了分割，到 1996 年年底娃哈哈的经销商几乎分布到了所有省份的二级城市。当年的销售额顺利迈过 10 亿大关。

1998 年娃哈哈推出非常可乐，当年销售额达 28 亿，超越健力宝成为中国饮料的“老大”。1999 年非常可乐热销，娃哈哈销售额超过 45 个亿，但想“更上一层楼”，销售通路又遇到了瓶颈。从 2000 年起，娃哈哈已经开始在全国建立县级经销商。尽管县级网络的分割开始并不顺利，直到 2003 年各个省才陆续分割到位，但在非典到来的 2003 年，大多数企业都受到严重影响的情况下，娃哈哈却开始发力，逆势冲过了 100 亿的门槛，从而彻底拉开了与其他饮料厂家的距离。

2004 年娃哈哈又开始了第 5 次革命，很多镇一级的市场都有了娃哈哈的经销商，加上营养快线和爽歪歪的推出，只用了 4 年的时间，销售就加速冲过了 150 亿、200 亿和 300 亿的大关。

回顾娃哈哈的销售历程，是区域销售通路不断革命的过程。在这个革命进程中，销售通路一次次被细分，最终为娃哈哈实现逐年提高的年度目标打下了坚实的渠道基础。尽管没有人可以肯定用分割销售区域的办法来提升销量，可以适用于中国任何一家企业的发展，但娃哈哈对销售通路的革命经验值得任何一名管理者借鉴。要想获得别人难以企及的成功，就要使销售通路比别人做得更细、更透。

良好的销售渠道，不是一日之间就可以建立起来的，它离不开你精心的“播种”与“呵护”，就像农夫干农活一般，要求精耕细作。

首先要“播种”，这是长出一棵果树的必要条件。虽然有些种子会腐烂，不发芽，但不播种，就绝不会有果树长出来。人际关系也是如此，你的用心是人际关系的必要条件，虽然不一定会有好的回应，但没有用心，就不能建立人际关系。虽然有人主动和你建立关系，但也要你做出回应，这样关系才会持续下去。你若冷淡以对，他还会来找你吗？

有些种子会在节气到时发芽，但有些却不能，像有些干燥的地方，种子可以在地下深埋数十年，但雨水一来，就会迅速发芽。销售渠道也是如此，你的用心有时很快就会从对方那里得到回馈，但有时却不一定如此。至于什么时候才能得到“回馈”，你不必花心思去期待，反正你已种下了一粒种子，“机缘”一到，它自然会发出芽来。而这发芽的时间，有可能是在你四五十岁时，甚至一辈子都没发出芽来，但总是有希望的。

种子发芽后，你得小心勤快地灌溉、除草、施肥，它才会长成大树，开花结果。人际关系也是如此，你同样要用热心、善心来经营它，尤其不可“拔苗助长”，急于收获果实，这样只会破坏你的人际关系。而最糟糕的是，这种“拔苗助长”的作风会散播出去，成为你的负债。

播的种子越多，发的芽也越多，经过一段时间后，必定一片成林，那时收获的果实将令你感到欣慰。销售渠道也是如此，管理的过程中要多用心，尽可能多开辟一些渠道，纵然有一些“不发芽”的，但长时间积累下来，你的客户还是很多，那时这种人际关系就是你的果树林，而你必然能享受这些甜蜜的果实。

实用指南

在产品同质化十分严重的环境背景下，维持企业业绩主要依靠的是企业之间的渠道竞争。如何利用渠道激励策略开发和维护更多的客户，构建以企业为主导的营销价值链，是决定企业能否脱颖而出的核心利器。畅通的销售渠道是一种实力，也是企业成功的保障。

悦读心得

德鲁克的这一思想对你有什么启示，请拿起笔，写下你的所感、所思、所得：

第四篇

变革时代的理性与智慧

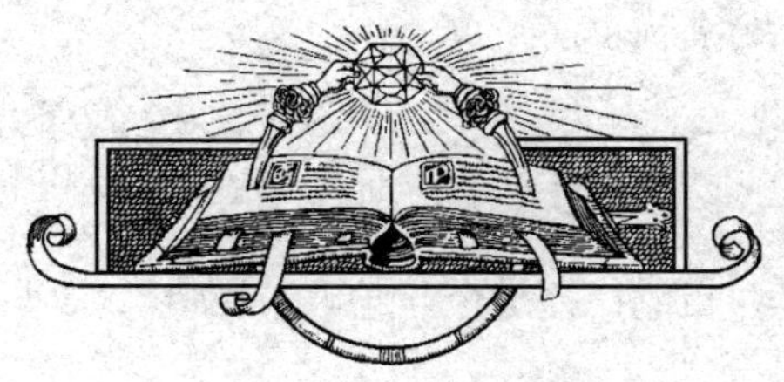

第一章

企业必须成为变革的原动力

自满往往是企业危机的开始

管理精粹

成功的企业往往会对以往获得的创新成果而沾沾自喜，但往往会因此而陷入难以摆脱的危机中。

《管理的实践》德鲁克

精彩阐释

在德鲁克看来，自满往往是企业危机的开始。

1999年，陈天桥靠他借来的50万元走上了创业之路。2005年，32岁的他就成了华人首富。短短6年间，他一手创建的“盛大网络”资产已超过百亿，并成为中国最大的互联网企业和世界最大的网络游戏公司之一。2008年第三季度财报显示，盛大实现了第11个季度的稳健增长，而且超出行业第二名1.4倍。

盛大之所以取得如此巨大的成功，忧患意识是它最好的利器。在外人看来，盛大手里似乎有花不完的钱，它的财务状况足够健康。按照陈天桥自己的描述，盛大没有银行贷款，没有应收账款，每天的现金收入超百万。陈天桥的心里一直都认同比尔·盖茨的那句话：“微软距离倒闭永远只有 14 天。”微软帝国尚且如此，何况他的盛大呢？

陈天桥曾说：“在 2001 年之前，盛大每天都可能死去；在 2002 年，盛大每个月都可能死去；在 2003 年，盛大每个季度都可能死去。”在盛大的发展过程中，陈天桥说自己每一年里都承担了别人十年的风险。遭遇过与合作伙伴对簿公堂，遭遇过投资方突然撤资，遭遇过黑客的大规模袭击，也遭遇过竞争对手“举报”所谓的偷漏税……政策、业务、技术风险，盛大始终觉得自己“危机重重”。

“人无远虑，必有近忧。”陈天桥始终是直面现实又憧憬梦想的清醒者，忧患意识是他的一支清醒剂。身处的领域中，新的技术，每天变化着，每天以加速度变化着。盛大每天在追求机遇的过程中面临着新的危机，同时又在不断解决危机中抓住新的机遇。这就是使盛大茁壮的生命力量。

所谓高人，往往是比常人多看到三两步，多做了三两手准备而已。正如陈天桥所说的：变是常态，不变是非常态。在陈天桥看来，一家企业如果不能在快速竞争的市场中，始终保持小步快跑的速度，就会保持不死不活的状态或者就会被人拉下来。忧患意识让人在危机面前保持清醒。也正是这样的危机意识，使陈天桥带领盛大一次次跨越死亡线，成为国内最大的游戏运营商、最受人尊敬的 IT 企业之一。

实用指南

孙子也说：“乱生于治，怯生于勇，弱生于强。”意思是：混乱可以转化为严整，怯懦可以转化为勇敢，弱小的态势也可以转化为强大的态势。任何事情都有好与坏的两面，满足和停留就意味着危险，因此管理者要时刻有忧患意识。

悦读心得

德鲁克的这一思想对你有什么启示，请拿起笔，写下你的所感、所思、所得：

管理变革最有效的方法就是主动创造变革

管理精粹

要成功地管理变革，最有效的方法是主动创造变革。

《下一个社会的管理》德鲁克

精彩阐释

英特尔总裁格鲁夫说：“在这个快速变化的环境中，面对这么多强劲的对手，为什么我们始终能保持这样的竞争力？因为我们清楚地意识到当今世界唯一不变的只有一个变化。”所以当今世界企业之间的竞争本质上是学习速度的竞争。德鲁克认为，我们要想有持久的竞争力，唯一的办法就是比别人学得更快。

然而，并不是所有的企业都能认识到这个道理。

2003年7月，大家从报纸上看到这样一条消息：起源于清朝顺治八年（1651年）、流传至今已逾350年的传统老字号北京王麻子剪刀厂经昌平法院依法裁定破产。很多人惋惜不已的同时，不禁要问：如此知名的老字号企业，为什么会遭到破产的厄运？

“北有王麻子，南有张小泉。”在中国刀剪行业中，王麻子剪刀名声如雷贯耳。数百年来，王麻子剪刀产品以刃口锋利、经久耐用而在市场上独霸天下。在生意最好的20世纪80年代末，王麻子一个月曾创造过卖7万把菜刀、40万把剪子的最高纪录。但从1995年开始，王麻子的业绩逐年下跌，陷入连年亏损地步，在新世纪前夕甚至落魄到借钱发工资的境地。

业内专家认为，作为国有企业王麻子沿袭计划经济体制下的管理模式，缺乏市场竞争思想和创新意识，是其落败的根本原因。长期以来，王麻子剪刀厂的主要产品一直延续传统的铁夹钢工艺，尽管它比不锈钢刀要耐磨好用，但因为工艺复杂、容易生锈、外观档次低等原因，产品渐渐失去了竞争优势。市场需求已经发生了很大变化，但是王麻子剪刀的经营者却继续墨守成规，未能做出改进措施，故步自封、安于现状。王麻子剪刀终于被市场所抛弃。

这个事例表明，只有不断变革和创新，才能让企业永葆青春。

实用指南

物竞天择，适者生存，让故步自封、不思变革的企业被淘汰出局，正是市场上铁的法则。市场从来不考虑企业拥有多少年的历史，拥有多么辉煌的过去。只有摒弃自我满足感，跟随市场的变化而主动变革，才能持续赢得市场的信赖。

悦读心得

德鲁克的这一思想对你有什么启示，请拿起笔，写下你的所感、所思、所得:

变革能使企业获得动力

管理精粹

变革往往能够促使组织获得激情。

《下一个社会的管理》德鲁克

精彩阐释

德鲁克认为，使企业成为变革原动力的真正用意在于通过这种定位而使企业的心态产生改变，让组织不再把变革视为威胁，而将其当作机会。

当初，苹果公司盛极一时，以激情和创新享誉全球。但是随着乔布斯的离开而经历了从辉煌走向衰落的过程。是什么原因使得苹果公司发生如此令人感到遗憾的变化？我们应该注意的是，苹果公司的产品品牌并没有出现致命硬伤，技术实力并没有消失，显然品牌和技术并不是影响苹果公司发展的障碍。

很多管理者将苹果的衰败归结为组织激情。尽管品牌没有变化、技术实力没有变化、其他资源条件没有变化，但组织的激情消失了，组织发展的动力失去了，组织的品牌、技术和其他资源成了摆设，未能产生最大效用，衰败趋势就难以避免。

这一局面后来随着乔布斯的回归才得以扭转。回归后的乔布斯对组织进行了多项变革，不但重塑创新战略的核心地位，而且还对重要岗位的人事进行了调整。伴随着乔布斯一项项变革举措的推出，苹果公司重获激情，重新进入上升式发展轨道。

由此可见，企业往往能够通过主动变革而获得巨大的前进动力。

实用指南

卓越的管理主要由技术、机制或规划构成。这只认识到了事物的一方面，其实在卓越的背后，还有更为本质的因素：员工的激情、团队的激情和企业的激情。一个有激情的组织必然是战斗力出众的组织，当组织遇到挫折、困难和危险时，会自动调整自己的资源配置和行为方式加以应对。相反，缺乏激情的企业往往是毫无斗志。因此，企业管理者要擅用变革来激发组织激情，使组织始终处在一个活力四射的氛围之中。

悦读心得

德鲁克的这一思想对你有什么启示，请拿起笔，写下你的所感、所思、所得：

做好准备，等待机遇

管理精粹

当天堂的甘露如雨水般降落时，一些人撑起了雨伞，另一些人则找来大汤匙。

《动荡时代的管理》德鲁克

精彩阐释

有人问爱因斯坦为什么能够成功，是怎么抓住机遇的，爱因斯坦说，机会只青睐那些有准备的头脑。

准备是一切工作的前提。只有充分准备才能保证工作得以完成，而且做起来更容易。拿破仑·希尔说过，一个善于做准备的人，是距离成功最近的人。一个懂得准备、善于未雨绸缪的员工才能及时抓住成功的机会。

安娜在一家服装公司做销售工作，业绩一直不错。可是公司为了开拓第三市场，决定减少服装的生产量、裁减员工，以达到压缩成本的目的，资金要转向第三产业房地产业。现在，所有员工都面临着被裁减的危险，人人自危。销售岗位要裁去一半人员，这不能不让所有销售人员心里打起鼓来。大家平常工作都差不了太多，谁走谁不走呢？

面对这种情况，安娜却镇定自若，似乎并没有太在意。最后的结果是销售部人员走了一半，副主管也被辞退了，而安娜却升了职。原来，安娜在平常的工作中，就十分注意整理所有客户的资料，还利用业余时间学习编程工作，为公司建立了一个庞大的数据库。这个数据库的建立为销售渠道的正规化提供了科学的依据，大大地提高了工作效率。早在一个月前，安娜就向主管拿出了这个数据库，得到了认可，正在等待讨论通过与实施。

升职后的安娜除了将销售方式正规化外，还积极联系国外的销售客户。当第一次与意大利出口商签单时，总经理发现安娜能用流利的意大利语与客户交谈，不禁对她另眼相看。不久安娜升为副总经理，成为这家公司的骨干，在销售领域无人可以替代。

机遇是位公正的女神，没有一丝一毫偏私，谁为迎接她做好了充分准备，她就属于谁。

曾有人这样形容现代职业人的竞争环境:“每一条跑道上都挤满了参赛选手，每一个行业都挤满了竞争对手。”在人满为患的跑道上和拥挤的行业竞争通道中，怎样才能成为一匹黑马，成为令人羡慕的领跑者呢？最简捷的方法就是比别人早一点做好准备。

俗话说:“春耕莫等东方明，插秧莫等鸡开口。”生活中丰衣足食，工作上一帆风顺的人都是比别人早走一步的人，但是提前做好准备的精神在现实中已经被人们忽视了。在上面案例中，安娜的工作业绩一直不错，表面上看和大家没有什么区别，实际上，安娜已经在平时一点一滴地做好了许多能够增加自己价值的准备。无论是编程还是客户的积累，以及意大利语的学习，都是其中的一部分。这并不能证明安娜的智商比其他人高多少，却证明了安娜重视准备的一种态度。正是因为具有了这种态度，安娜才成了这家公司最不可替代的人。

一位哲人说，你永远不可能比别人多长一个脑袋，但预先准备，却能使你变得不可替代。提前预备得越早，准备工作做得越充分的人，成功的可能性就越大，我们常说的“养兵千日，用兵一时”，就是一种准备的哲学。

实用指南

“每个人的一生，至少都有一次受到幸运之神垂青的机遇，”一位天主教的主教说，“一旦幸运之神从大门进来后，发现没人迎接，她就会转身从窗子离去。”卓有成效的管理者都知道这样一个道理，那就是机遇只会降临到有准备的人身上。

悦读心得

德鲁克的这一思想对你有什么启示，请拿起笔，写下你的所感、所思、所得:

怎么做比作什么更重要

管理精粹

在变革的年代里，怎么做比做什么更容易过时。

《21 世纪的管理挑战》德鲁克

精彩阐释

德鲁克认为，变革的领导者一定要审视所有的产品、服务、市场及流程，并自问“就目前所知，如果我们还要进入这个领域，是否要依照原有的经验”。

在 20 世纪 60 年代，米勒啤酒在美国啤酒行业的地位并不使人乐观，它们仅仅处在令人感到尴尬的第八位。比上不足比下有余，市场份额不足一成，与知名品牌百威相比，差距如同天堑。按照当时米勒公司内部的一个员工的说法是：第八位的位置就是告诉你，要想往上走，你需要超过七个对手才能成为领先者。如果你不上进，这个位置足以保证你饿不死，前七名每天吃牛排，我们每天能够吃上蘸点肉味的面包。

米勒公司的高层显然不满足于每天吃面包，他们也想吃牛排。为了提升公司在行业内的位置，他们决定采取重大措施。在措施出台之前，他们开始着手严谨的市场调查。很快，市场调查结果使他们有了重大发现：按照啤酒饮用者的酒量特征来对市场进行区分，市场可分为轻度饮用者和重度饮用者。前者人数虽多，但饮用量却只有后者的 1/8。这个结果使米勒公司的高层感到很兴奋，他们大胆地设问：如果这些重度饮用者喝的都是我们的啤酒，我们的利润将会有多大？

为了给这个问题找出答案，他们将市场调研工作做得更为细致，随着调查的深入，他们总结出了重度饮用者的多项特征：这部分顾客多是蓝领阶层，收入不是很多，但喝酒的钱还是充裕的；他们消遣闲暇时光的主要方式是看电视，每天待在电视机前的时间多达3小时；他们爱好体育运动，爱看体育节目，喜欢参与各类体育比赛……这些特征为米勒公司描绘了详细的顾客肖像图，公司高层决定把目标市场定在重度饮用者身上，在这个顾客群体上做足文章。

他们选用了公司旗下的“海雷夫”牌啤酒作为进入这个目标市场的主打产品，并对这个产品进行了重新包装，改变了宣传策略，加大了宣传力度。他们通过与电视台合作开创了一个以米勒啤酒为名字的栏目，并在栏目中对“我们的啤酒和你的时间相匹配”这一广告主题进行大肆宣传。广告画面中出现的多是令人血脉贲张的运动画面，比如在迷雾弥漫的大海中航船、从陡峭的山坡上冲下摩托车，等等。这些广告传达的诉求效果是：只要你喝“海雷夫”牌啤酒，你就像他们一样勇敢，你的人生经历像他们一样刺激。

经过一段时间的宣传，米勒啤酒获得了成功，“海雷夫”牌啤酒在1978年的销售量多达2000万箱，仅次于AB公司的百威啤酒，在全美名列第二。从此，米勒啤酒公司进入一条高速发展的轨道，成为全世界闻名的啤酒生产商之一。

实用指南

企业管理者经常碰到的一个误区是：将更多的精力投入到解决做什么问题上，而忽视了对怎么做的关注。“做什么”的思考出发点是行动本身，强调的是自我判断和感受；“怎么做”则是将思考、行为、决策与市场需求、竞争环境接轨，因此，这对企业而言，更具有现实意义。

悦读心得

德鲁克的这一思想对你有什么启示，请拿起笔，写下你的所感、所思、所得：

要敢于“断臂”

管理精粹

一艘长年行驶在海上的船只，必须清理那些附在船底的藤壶，否则它们会降低船只的速度并减弱船只的机动性。

《动荡时代管理策略》德鲁克

精彩阐释

很多跨国公司发展到一定程度时，将会向以核心技术或者品牌为主的经营战略转变，停产竞争力不强的产品或者出售竞争力不强的部门，这就是所谓的“断臂”。企业断臂的过程就是清除过去羁绊的过程。它们之所以会这样做，就是不想因为过去而束缚眼前的行动。

2006年8月1日，柯达公布的2006年第二季度财报显示，二季度柯达净亏损2.82亿美元，每股亏损0.98美元。其中，柯达四大主业中，消费数码产品的营收为6.28亿美元，比2005年同期下降了6%；胶片及冲印系统集团营收为11.53亿美元，相对于2005年同期的15.03亿美元有较大降幅；医疗集团营收也下降了6%，为6.55亿美元；其他所有产品的销售额为1600万美元，而2005年同期则为2400万美元。唯一增长的便是柯达的图文影像营收，比去年同期增长了14%，营收额达到了9.08亿美元。

这份财报充分说明了向数码业务的转型比预期的要困难得多。为了扭转目前的不利局势，柯达在公布财报后立即宣布将旗下数码相机制造所需业务全部外包给新加坡专事代工的伟创力国际有限公司NasdaqFLEX。柯达公司副总裁、柯达消费数码影像集团数码相机及组件部总经理认为，此项战略将使柯达集中精力专注于高级研发以及那些能够带来最大的差异化竞争优势的业务领域。

早在2003年，在前任首席执行官邓凯达的推动下，柯达就开始从传统影像到数码影像的战略转型。为了增加自己在数码影像方面的市场份额，柯达在2006年前投入30亿美元，在公司的三大战略支柱民用数码影像集团、医疗集团、胶片影像集团之外，进行大规模的收购。对于柯达此次的断臂之举，有专家表示："柯达在数码相机和数码冲印方面其实还是良性发展的，现在的举动并不等于它在数码领域受挫，反而从另一个侧面反映出柯达想把数码做好，是专业化分工的一个举措，这样可以降低成本，操作也会更灵活。"

事实确实如此，柯达2007年底完成了整个公司的转型。2008年1月，柯达公布的2007年第四季度财务报告称，由于四年来从传统胶卷技术向数字技术的转移获得成功，2007年第四季度柯达公司获得了2.15亿美元的利润，每股收益71美分。

从案例中我们可以看出，"断臂"使柯达获得了新的发展。

实用指南

德鲁克说："要把资源集中在成效上，就需要企业进行体重控制。"也就是每次进行新任务时，就要放弃一个没有前景的任务。只有这样，企业才能轻装上阵，在最擅长的领域精耕细作。

悦读心得

德鲁克的这一思想对你有什么启示，请拿起笔，写下你的所感、所思、所得：

在自己最擅长的领域发动变革

管理精粹

成功变革的首要良机就是要发掘自身的成就，并将变革建立在已经取得的成就上。

《21世纪的管理挑战》德鲁克

精彩阐释

将变革建立在已经取得的成就上，就是要求企业要基于自己的优势资源进行变革。孙子也曾说：“无所不备，则无所不寡。”意思是：“处处防备，就处处兵力薄弱。”无论是德鲁克还是孙子，言外之意都是要发挥自己的长处，而不是掩饰自己的短处。对于企业不太擅长的领域，尽量避免花费力气。

1981 年，通用电气旗下仅有照明、发动机和电力 3 个事业部在市场上保持领先地位。2001 年，杰克·韦尔奇退休时，通用电气已有 12 个事业部在各自的市场上数一数二。如果它们能单独排名的话，那么，通用电气至少有 9 个事业部能入选 500 强企业之列。这是杰克·韦尔奇推行“数一数二”战略的辉煌成果。

1981 年，杰克·韦尔奇上任后，开始不断向投资者和下属宣传他的“数一数二”经营战略。他认为，未来商战的赢家将是这样一些公司：“能够洞察到那些真正有前途的行业并加入其中，并且坚持要在自己进入的每一个行业里做到数一数二的位置。无论是在精干、高效，还是成本控制、全球化经营等方面都是数一数二。80 年代的这些公司和管理者如果不这么做，不管是出于什么原因：传统、情感或者自身的管理缺陷，在 1990 年将不会出现在人们面前。”

“数一数二”战略开始的时候并不被人们理解。在 20 世纪 80 年代，只要企业有赢利就足够了。至于对业务方向进行调整，把那些利润低、增长缓慢的业务放弃，转入高利润、高增长的全球性行业，这在当时根本不是人们优先考虑的事情。当时无论是资产规模还是股票市值，通用电气都是美国排名第 10 的大公司，它是美国人心目中的偶像。整个公司内外没有一个人能感觉到危机的到来。

其实，当时美国的市场正被日本一个一个地蚕食掉：收音机、照相机、电视机、钢铁、轮船及汽车。通用电气公司的很多制造业务的利润已经开始萎缩。而且 1980 年美国的经济处于衰退状态，通货膨胀严重，石油价格是每桶30美元，有人甚至预测油价会涨到每桶100美元。这对通用电气公司的制造业也是个冲击。

杰克·韦尔奇认识到：把通用电气公司的弱势业务转给外边的优势企业，两者合并在一起，这对任何人都是一个双赢的结局，比如把空调业务出售给特兰尼。特兰尼在空调行业中占据领先位置，合并后，原通用电气公司空调部门的人员一下子成了赢家中的一员。

韦尔奇的“数一数二”战略使通用公司很快摆脱困境，走向成功。

韦尔奇的这种战略体现的正是基于自身优势进行变革的思维方式。

实用指南

只有基于自身优势进行变革，企业才不会在不擅长的领域浪费精力，而会一直专注于最擅长的领域，获得持续成功。

悦读心得

德鲁克的这一思想对你有什么启示，请拿起笔，写下你的所感、所思、所得：

创建利于创新的组织结构

管理精粹

企业想要创新，就要建立一个可以让员工发挥创新精神的组织结构。

《创新与企业家》德鲁克

精彩阐释

德鲁克说，创建利于创新的组织结构是创新的前提。以促进创新为导向来进行组织结构设计，在这一点上，长虹的做法很值得借鉴。

作为中国本土企业的一面旗帜，长虹集团认为，创新就是满足消费者现实和潜在的需求。创新的起点是消费者，终点是价值的产生。而企业一切创新活动必须以满足消费者的需求为起点，将消费者需求当作研发的源头，实现消费者需求与企业研发的无缝对接。

为此，长虹建立了一个系统收集并满足消费者需求的技术创新管理机制。在收集消费者需求后，快速组织技术研发部门进行技术研发，以研制出适应消费者需求的产品。长虹的技术创新管理机制包括创新战略和创新机制两个方面：创新战略包括技术路线图等，创新机制包括组织结构、流程、工具等，完善的技术创新管理机制为长虹的创新活动提供了不竭的原动力。

长虹在各产品公司、业务单元、研发中心之间建立了技术联席会议制度，协同技术创新和技术开发工作；建立并逐步完善研发体系，形成从用户需求洞察、市场机会分析、立项、研究开发、试制、转移以及生产和生命周期管理的创新流程及规范；建立了知识管理体系。

为了保证主要业务技术、产品发展规划制订以及重大创新活动决策的科学性，长虹还成立了公司技术委员会，作为公司内部技术创新活动的交流平台和外部技术联络、交流接口，进一步发挥各业务单元技术创新的协同效应。这一系列变革加强了长虹研发系统的开放性，带来了全新的以消费者需求为出发点的研发观念，大大加快和提高了产品的研发速度和有效性。

此外，长虹还完善技术创新管理团队，以项目经理负责制为核心组建了技术管理创新的队伍。在“开放、信心、韧性”的创新观念指引下，项目经理负责制推动各职能部门向以业务流程为主的职能转变，使技术研发始终能够准确与市场接轨，实现用消费需求指导研发的企业良性研发机制。

同时，为了激励员工创新，长虹重点推行了两大计划：推行员工利润分享计划，即将创新取得的市场效益与员工利益紧密关联，探索新时期中国家电业自主创新激励机制；推行员工内部创业计划，鼓励员工创业，探索出员工与企业价值最大化的实现途径。

通过建立完善的自主创新体系，长虹一方面可以快速收集消费者需求并进行精准需求导向的研发；另一方面可以快速实现技术的整合提升，在自主创新体系保障下，实现技术的快速消化、吸收和创新。通过改革技术创新管理机制，长虹实现了以消费需求为导向的精准研发与生产，推动整个企业各个环节的优化升级，提升企业自主创新能力和综合竞争力。

由此可以看出，只有创建有利于创新的企业组织结构，企业创新活动才能高效和持久。

实用指南

创建利于创新的组织结构是企业发展的基础，是企业整体创新的前提，同时也是实现一个企业不断创新的保障。如果旧的落后的企业组织不进行创新，就会成为严重制约企业创新和发展的桎梏。

悦读心得

德鲁克的这一思想对你有什么启示，请拿起笔，写下你的所感、所思、所得:

第二章

知识的特点就是不断变化

成为知识整合上的高手

管理精粹

在今天高度技术化领域里，许多成功的公司并非以技术见长。

《成果管理》德鲁克

精彩阐释

德鲁克认为，知识整合是企业最重要的能力。在德鲁克眼里，“知识不只是技术，许多成功的公司并非以技术见长”。企业的成功并非完全依靠技术，而是依靠企业各个环节知识的综合所产生的力量。有的企业以技术见长，有的企业以营销见长，还有的企业以管理见长。无论哪种企业，但凡取得卓越成就的企业，必然在一个领域甚至在多个领域里占有高人一筹的知识。这种支撑企业傲立群雄的知识有可能是营销知识，也可能是管理知识。优秀的企业管理者一定善于综合知识并使其迸发出最大的能量。

鲍罗·道密尔在美国工艺品和玩具业中享有盛誉。1945 年，这位 21 岁的匈牙利青年，身上只带了 5 美元就到美国闯天下。20 年后，他成为百万富翁。道密尔初到美国的 18 个月，就换了 15 份工作，有些甚至是别人梦寐以求的。这在别人看来是无法理解的，但道密尔觉得，那些工作，除了能维持生存外，都不能展示他的能力。

通过当推销员，他获得了人生的第一桶金。随后，他用自己所挣的钱收购了一个濒临倒闭的工艺品制造厂。当时道密尔只提出两个条件，不负责工厂旧的债务，他接手以后的亏损由他自己负责。另外，尽管他只占有工厂的70%的股份，但这个工厂将来如果挣了钱，他的利益要占90%。一年后，这家工厂起死回生，获得了惊人的利润。道密尔是怎么成功的呢？

原来，他接手工厂后，首先仔细研究了公司的每一项作业程序，从定价、消耗到销售，从生产到管理，把每一项缺点记录下来。他对这些可能导致工厂亏损倒闭的要素进行排列分析，确定哪些是不合理的，哪些是可调整的。然后，他针对这些缺点进行了一系列的调整。通过对一系列因素的比较和测算，道密尔最终得出结论：工厂倒闭的主要原因在于管理成本太高和产品定价太低。

针对这一结论，他采取了行动。首先，要降低管理成本，他就必须裁减大批职员。道密尔把留下来的管理人员的工作量加倍，薪水也加倍，以与工作量相适应。这些留下来的人，由于待遇提高也增加了责任心。其次提高产品价格，以此来增加赢利。在加价前，道密尔先提高服务质量，以减少顾客的埋怨，改变消费者对公司的看法，让他们觉得物有所值。当时机成熟时，再加价。

事实证明他是正确的，道密尔通过对工厂各个环节的精细化管理，工艺品制造厂不仅扭亏为盈，还使道密尔赚到了人生的第一个100万。鲍罗·道密尔的成功凸显了知识整合的意义，也有力地证明了德鲁克所说的“知识不只是技术，许多成功的公司并非以技术见长”。

实用指南

德鲁克说，知识不只是存在于企业之中，也非企业独自占有，这就需要企业管理者善于从企业之外学习知识，将其综合运用到企业中来，从而使企业获得独特的核心竞争力。使一个企业真正与众不同，并且成为其独特的资源，是其利用各种知识从科学和技术的知识到社会、经济和管理的知识的能力。一个企业唯有在知识整合方面的才能与众不同，才能生产出在市场上具有某种价值的东西。

悦读心得

德鲁克的这一思想对你有什么启示，请拿起笔，写下你的所感、所思、所得：

知识的最大特点就是不断变化

管理精粹

每一种知识最终会因为过时而变成错误的知识。

《成果管理》德鲁克

精彩阐释

德鲁克认为，知识的真相就是每一种知识都会变成错误的知识。知识如同新闻一样，当你还沉湎于昨天的事件中时，那个事件已经成了历史。

作为全球最成功的企业之一的微软公司的总裁，盖茨非常喜欢微软公司文化中的一条内容是："每天早晨醒来，想想王安电脑，想想数字设备公司，想想康柏，它们都曾经是叱咤风云的大公司，而如今它们也是烟消云散了。有了这些教训，我们就常常告诫自己我们必须要创新，必须要突破自我。我们必须开发出那种你认为值得出门花钱购买的 Windows 或 Office。"

计算机领域有一个人所共知的"摩尔定律"，它是由著名的芯片制造厂商英特尔公司创始人之一戈登·摩尔经过长期观察后，于 1965 年 4

月 19 日提出的。“摩尔定律”基本定理：集成电路芯片上所集成的电路的数目每隔 18 个月就翻一番；微处理器的性能每隔 18 个月提高一倍，而价格下降一半；用一个美元所能买到的电脑性能，每隔 18 个月就翻两番。

盖茨历来以悲观的论调谈论微软，即使是在微软最鼎盛的时期，他也一再强调微软离破产只有 18 个月的时间。当微软利润超过 20% 的时候，他强调利润可能会下降；当利润达到 22% 时，他还是说会下降；到了今天，他仍然说会下降。他认为这种危机意识是微软发展的原动力。微软著名的口号是：不论你的产品多棒，你距离失败永远只有 18 个月。

盖茨的恐慌来源于对知识过时的担心。正是因为这种危机感，使微软找到了持续发展的必由之路，那就是不断创新。事实上，盖茨一直也没有停下创新的脚步，在任何场合，只要是软件能发挥效益的地方，他都会让微软顾及到。微软为手表开发软件、为电话开发软件，电视机、汽车上也有微软的产品。不过这些东西有的需要很长时间才能被大众接受。例如微软为有线电视网络开发的软件直到最近几年才开始赢得了大量的客户，而相应的开发工作历时已超过了 10 年。

无论是盖茨的忧患意识，还是摩尔定律，都警示了更多的企业管理者：竞争时代瞬息万变，任何一个企业稍稍疏忽就将面临着破产的可能。正如硅谷一家经营者说的那样：“你永远不能休息，否则，你将永远休息。”永远追求新知是企业管理者必须拥有的意识和习惯，只有这样，企业才能永续发展。

实用指南

对于管理者而言，下面这个问题始终应该提出来问一问：我们还需要什么，或者我们是否需要某种不同的东西？言外之意，企业应在高度警醒下不停学习。

悦读心得

德鲁克的这一思想对你有什么启示，请拿起笔，写下你的所感、所思、所得：

创新能力越弱越容易墨守成规

管理精粹

企业的技术变革越不显著或突出，整个组织墨守成规的可能性就越大。

《管理的实践》德鲁克

精彩阐释

德鲁克认为，要想避免陷入墨守成规的陷阱，企业就必须时刻强调创新。在这个要求创新的时代，不能创新的公司是注定要衰落和灭亡的。一个不知道如何对创新进行管理的管理者是无能的。日本汽车称霸全球和克莱斯勒在箱式旅行车上的崛起就充分说明了创新对于提升企业竞争能力的重要性。

20 世纪 70 年代初期，中东战争爆发，全球爆发金融危机。一直对美国市场伺机而动的日本汽车公司迎来了机会。尽管经历了连续快速增长的日本汽车工业也受到了这次石油危机带来的影响，在 1974 年出现自 1965 年以来的首次负增长，但在那一年，日本汽车率先掉头，他们减少了对耗油量大的大型汽车的投入，转而全力发展节能的小型车。

小型车开辟了新的市场蓝海，因为其特别省油，得到了深受石油危机困扰的欧美民众的热烈欢迎。1976 年日本汽车出口达到 250 万辆之多，首次超过国内销量。以福特、通用和克莱斯勒为首的美国汽车工业这时才如梦方醒，开始重金投入开发省油的小车型。

其实在日本汽车大举进入之前，美国汽车三巨头并不是没有发现小型车的市场需求，但为了不在原有的竞争格局中率先发生变化，他们三家中的任何一家都没有对这种车型足够重视。日本人抢占了先机，节能小型车的蓝海是他们发现和开创的，所以他们毫无争议地成了这个领域的第一名。因为错失这片蓝海，美国三巨头损失惨重，三巨头中实力较弱的克莱斯勒公司险些因此而破产。

痛定思痛的克莱斯勒开始寻找属于自己的蓝海，他们把眼光停留在箱型车上。传统箱型车的空间不够大，不能满足消费者旅行的需要，但小货车又不够轻便。1983年，克莱斯勒公司开发出介于传统箱型车和小货车之间的厢式旅行车系列，从而开辟了旅行车这一细分市场，成了旅行车中的领先者。

后来，很多公司介入箱型车的研发，沃尔沃曾推出过740涡轮增压型5门旅行车，这是当时速度最快的旅行车之一，0~100公里/小时加速时间仅需8.5秒，功率输出高达200马力。从1990年之后，汽车行业的竞争已经成为全球化竞争，竞争越来越充分，市场不断地进行细分，新的空间越来越少，但规律没有变化：谁的创新能力越强，谁就能成为第一名。

我们应该从克莱斯勒和沃尔沃的发展中得到这样的启示：企业组织想要成为胜利者，成为行业的领先者，就必定要拥有别人所不具备的创新能力。

实用指南

市场就是无边的疆域，企业管理者要想成为这个疆域中某一领地的王者，自己成为这个领地的开拓者和规则制定者，是最为便捷的途径。

悦读心得

德鲁克的这一思想对你有什么启示，请拿起笔，写下你的所感、所思、所得：

把握住先机是企业成功的关键

管理精粹

“已发生的未来”属于未来的商业范围，它是知识、社会、文化或者产业结构的变化，它是一种重大的转变，是一种打破现有模式，而不只是对原有模式的修正的转变。

《成果管理》德鲁克

精彩阐释

德鲁克说，在转变开始和转变彻底形成之间存在着时间差。认识到这种时间差的企业往往会抢得发展的先机。

2000 年，江南春看到了电梯里包含的巨大商机，用液晶电视播放广告来填补等待时间，用动态画面代替户外静态广告的创意应运而生。全新的商业模式再加上江南春的个人魅力，立刻吸引了软银的风险投资。两年内，分众传媒的液晶电视覆盖了 40 多个城市的 2 万多座楼宇，成为行业急先锋。

江南春的广告理论是："分众传播的角度强调立体化传播和无缝化传播。立体化指针对人们生活的多元化，进行多渠道的传播，单一媒体已经不能满足人们立体化的多元生活。无缝化传播是根据特种人群的生活习性，进行符合他们生活习惯的传播。我们根据人们的文化生活习性和媒体接触点，来开发创造出一些新的，原来没有的媒体形式、渠道、方式等。"

例如，商务人士整日忙于工作、应酬而无法关注传统媒体这一事实，使江南春认识到，要打这类人的广告，不能采取传统模式，而要在他们常在的会所、健身房、办公楼宇等地方树立媒体。凭着这样的理念，江南春首先想到的是高档写字楼此前毫无额外利用的电梯，"利用人们等电梯的无聊时间来播放广告"。

2003 年 5 月，江南春注册成立分众传媒（中国）控股有限公司，并出任首席执行官。当分众传媒获得充沛资本之后，江南春以迅雷不及掩耳之势在全国各大城市掀起了"圈地"攻势，在短短两年多的时间里，江南春在全国 45 个城市中占领了 2 万栋商业楼宇。正如《福布斯》杂志所描述的："江南春以最快的速度占领当地的主要高档写字楼，将剩下的市场空间留给了随后出现的模仿者。”

分众传媒以其独特的商业模式、独特的分众性，不但赢得了业界的高度认同，其高速成长更得到众多国际知名投资机构的积极响应，相继注资数千万美元，推动了户外电视广告网络的发展。2005 年 7 月，分众传媒成功登陆美国的纳斯达克，成为海外上市纯广告传媒第一股，上市短短 5 个月，其市值已经飙升至 12 亿美元。

江南春及分众传媒的成功告诉我们，企业成功的关键就是要把握先机，快人一步，要比竞争对手更迅速地掌握未来的动态、未来的资讯、未来的走向。

实用指南

凡事预则立，不预则废。每个企业的发展都离不开市场，但是市场又是发展变化的。当前，企业之间的竞争异常激烈，相互之间不仅仅是人才、资本、产品和技术水平的比较，同时也是行动与速度的对抗，俗话说“抢先一步赢商机”，如果不善于谋划未来，只是鼠目寸光，关注当前，那么就会失去未来潜在的效益，企业的发展就没有后劲。

悦读心得

德鲁克的这一思想对你有什么启示，请拿起笔，写下你的所感、所思、所得：

管理者的判断力是制胜的先决条件

管理精粹

我们需要先看透未来的发展模式。

《成果管理》德鲁克

精彩阐释

德鲁克说，要使未来发生，人们必须愿意做新奇的事情，并且必须愿意提出这样的问题：我们真正想看到的，于今日极不相同的东西是什么？人们必须看透未来的发展模式，并愿意相信这是正确的。

因正确判断未来的发展趋势而获得商业成功的事情在各行各业都有发生。

比如在汽车业发展的早期，当汽车这种产品作为一种奢侈品在高端市场拼得你死我活的时候，福特却坚持降低汽车的销售价格。他认为汽车不应该是一种奢侈品，而应是一种生活必需品；当百货商场固守城市市场时，沃尔玛的创始人山姆却从一个偏僻的小镇起家，并认为小城镇同样能够支持大型超市的发展；当照相机刚刚被发明出来的时候，柯达的创始人热伊斯曼就认为这个时尚的玩意在将来必定会家家拥有。

哈默是美国著名的企业家。1931 年，他从苏联回到美国。当时的美国正在如火如荼地进行总统换届选举，罗斯福是总统候选人之一。哈默经过一段时间的观察和判断，他认为最终罗斯福会取胜。哈默知道，罗斯福喜欢喝酒，他一旦竞选成功，1920 年公布的禁酒令就会被废除。到那时，威士忌和啤酒的生产量将会十分惊人，市场上将需要大量的酒桶用以装酒。

这里面蕴藏着巨大商机。用来制作酒桶的木材非一般木材，而是经过特殊处理的白橡木。哈默在苏联生活多年，他知道苏联盛产白橡木，于是立即返回苏联去订购白橡木板。他将这些木材运到美国，在新泽西州建造了一个现代化的酒桶加工厂，取名哈默酒桶厂。这个酒桶厂开业的时候，“禁酒令”尚未解除，所有的人都觉得他是个疯子。然而，当哈默的酒桶生产线日趋成熟的时候，新任总统罗斯福下令解除了禁酒令。酒桶的需求一下子被激发出来，哈默成为罗斯福新政的最大受益人。

综观当代市场，竞争日趋激烈。企业要制胜市场，何者为先？人才、资金、装备、信誉、信息、机遇。这些都是企业获得成功的必备要素。然而，哈默成功经历告诉我们，制胜市场的先决条件乃是管理者的判断力。

实用指南

在德鲁克看来，一个具有远见卓识的创业者，才能在扑朔迷离的市场中把握成功的关键，才能在纷繁复杂的思绪中找准制胜的契机。在企业发展中，只有把握住趋势，才能使企业走在时代的前列。

悦读心得

德鲁克的这一思想对你有什么启示，请拿起笔，写下你的所感、所思、所得:

跟上潮流，积极拥抱信息革命

管理精粹

电子商务深刻地改变着经济和市场的结构，改变着产品和服务的流通，也改变着消费者的价值观念和消费行为。

《未来社会的管理》德鲁克

精彩阐释

德鲁克说，信息革命的革命性影响源自电子商务，即互联网作为推销渠道的出现。

阿里巴巴和淘宝网是全球最著名的两大电子商务网站。这两个网站的创办和崛起有力地说明了创始人马云对信息产业未来发展趋势的精准把握。尤其是阿里巴巴的创办，在当时的中国，互联网这个词语尚不能被大多数中国人所熟知，马云创办电子商务网站的举动充分反映了马云高人一筹的眼光和视野。

大学毕业后，马云当了6年半的英语老师。期间，他成立了杭州首家外文翻译社，用业余时间接了一些外贸单位的翻译活儿。1995年，“杭州英语最棒”的马云受浙江省交通厅委托到美国催讨一笔债务。结果他是钱没要到一分，倒发现了一个“宝库”。在西雅图，对计算机一窍不通的马云第一次上了互联网。

刚刚学会上网，他竟然就想到了为他的翻译社做网上广告，上午10点他把广告发送上网，中午12点前他就收到了6个E-mail，分别来自美国、德国和日本，说这是他们看到的有关中国的第一个网页。“这里有大大的生意可做！”马云当时就意识到互联网是一座金矿。

人类的发展趋势越来越便捷，互联网这个新事物能够消除地域空间的阻碍，提升了信息传递的速度和效率。因此，马云断定互联网一定能够影响未来，人们将因为互联网而做出许多改变，其中也包括做生意的方式。

回到杭州的马云身上只剩下1美元和一个疯狂的念头：创建互联网网站。马云的想法是，把中国企业的资料集中起来，快递到美国，由设计者做好网页向全世界发布，利润则来自向企业收取的费用。

马云创办了中国第一家互联网公司海博网络，产品叫作“中国黄页”。在早期的海外留学生当中，很多人都知道，互联网上最早出现的以中国为主题的商业信息网站，正是“中国黄页”。所以国外媒体称马云为“中国的Mr.Internet”。10年之后，当阿里巴巴成为世界最大的电子商务网站之后，有人在总结马云的成功时用了这样一句话：领先趋势并驾驭趋势。

直到今天，任何人都无从知道电子商务在什么时候才能不火。因为把握住了未来的交易形式，易趣、亚马孙、阿里巴巴等电子商务网站每天都在高速增长，每秒都在流进黄金。企业的创办团队不仅获得了丰厚的回报，企业本身也处在一个富得流油的领域，前景不可限量。

实用指南

互联网对社会和政治，尤其是对我们看世界以及我们自己在世界上的行为方式的影响，大得超乎我们自己的想象。对此，德鲁克认为，对于企业管理者而言，你能看多远，就意味着你能获得多少的财富。

悦读心得

德鲁克的这一思想对你有什么启示，请拿起笔，写下你的所感、所思、所得:

第五篇

对创新进行有效管理

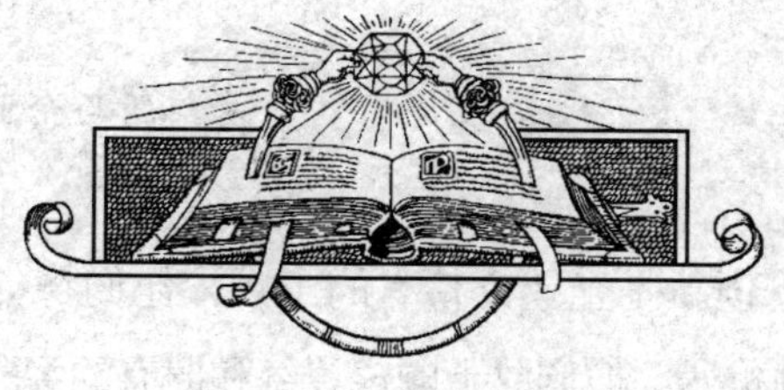

第一章

创新并不是一种性格特质

创业者的职责就是创造性毁灭

管理精粹

创业者最爱做些颠覆性的事情，约瑟夫·熊皮特说过，创业者的职责就是创造性毁灭。

《创新与企业家精神》德鲁克

精彩阐释

德鲁克认为，创新是企业家特有的工具，他们将创新看作是开创另一个企业或服务的机遇。他们敢于颠覆传统和旧有的经验，通过创造性毁灭为自己赢得市场。

2005年12月29日，《征途》打着终身免费的招牌，在公测阶段就成功实现赢利。这在依然依靠收费模式，才能实现赢利的传统网游市场掀起轩然大波，原来免费模式不只是休闲网络游戏才适用的。在依靠点卡消费来赢利的收费模式已经疲软的情况下，《征途》免费模式的赢利，给国内网络游戏厂商注入了一针强心剂。

在2004年以前，当时所有的网络游戏商依然按照国际通行惯例，主要收取玩家登录游戏的时间费用，游戏玩家每个月大概花费50元人民币就够了。不少网络游戏为了争取大量同时在线玩家，甚至设计了包月不限时点卡。在 2003 年，只要一款新运营的网络游戏保证公测时能吸引来 10 万人以上，并在正式收费时能保证 5 万人的忠实用户，这款游戏就肯定赚钱。

这种行业规则一直延续到 2005 年，尽管包括金山、搜狐等众多大级别的软件和网络公司纷纷加入网络游戏行业，提高了网络游戏运营的资金和成本门槛，使得不少小公司倒闭，但收取几十块钱点卡费，一款游戏赚个两年钱的行业规律，并没有本质变化。这一切，直到《征途》的出现才发生改变，史玉柱打破了以往的行业平衡。

史玉柱跳出以往的点卡或者月卡的收费模式，主打免费招牌。“免费模式”的想法来源于史玉柱自身的思维特点，他曾公开表示过：“我不喜欢按常理出牌，我喜欢按自己的想法去做。我不蔑视规则，我自己创造规则。”《征途》运营之初，业界对免费模式普遍持怀疑态度，认为史玉柱这个“网游外行”所坚持的“道具”收费模式注定不会成功。但几年的时间过去了，《征途》越活越滋润，甚至在 2008 年 4 月达到了 210 万的峰值在线，成为“中国第一网游”。

《征途》的“免费模式”，让巨人荣获“2006 ~ 2007 年中国互联网市场年度创新商业模式”大奖，这是当年唯一一家获此殊荣的网游公司。在几年的时间里，免费模式已经成为与点卡模式鼎足而立的网络游戏商业模式。2006 年甚至被业内人士称为中国网游“免费年”，84% 的新游戏是“免费”的。在免费模式的助推下，中国网游市场规模逐年扩张，2008 年第 2 季度市场规模已经达到了 44.3 亿。

正如史玉柱所说，自己不是一个按常理出牌的人。他打破规则造就了自己的成功。无论是对企业还是个人，只有不断创新才具有旺盛的生命力。

实用指南

德鲁克说过，这世界上唯一不变的就是变化，而变化就是对原有秩序的破坏，破旧才能立新。每个人要想获得别人意想不到的成功，就应该敢于突破规则的限制。

悦读心得

德鲁克的这一思想对你有什么启示，请拿起笔，写下你的所感、所思、所得：

企业家精神是风险最低的

管理精粹

从理论上说，企业家精神应该是风险最低，而非风险最高的方式。

《创新与企业家精神》德鲁克

精彩阐释

德鲁克说，人们普遍认为企业家精神充满了巨大的风险。的确如此，在那些非常引人注目的创新领域，如生物遗传或微型计算机等高科技领域中，企业的失败率非常高，而成功的概率甚至幸存的概率却相当低。

情况为什么会这样呢？因为，企业家将资源从生产力和产出较低的领域转移到生产力和产出较高的领域，这中间必然存在着失败的风险。但是，如果即使他们只获得勉强的成功，其回报却足以抵消在这一过程中可能遇到的风险。因此，我们在对企业家精神所可能遇到的风险进行预测时，应该比最优化的风险还要低。

大量的事实证明，许多企业家型组织的平均成功率相当高，这足以驳倒企业家精神与创新的风险极高的普遍论调。

例如，美国的贝尔实验室是贝尔电话公司的创新部门。从 1911 年设计出第一个电话自动交换台开始，到 1980 年设计出光纤电缆，其中还包括半导体和晶体管的发明以及运用于计算机上的理论和工程工作，贝尔实验室在这 70 多年的时间里，创造了一个又一个成功。贝尔成功证明，即使是在高科技领域，企业家精神和创新也可以是低风险的。

再如，全球最大的消费品生产厂商宝洁公司同样拥有近乎完美的成功创新纪录；IBM 在一个快速发展的高科技领域计算机行业中，与电力和电子行业的“老手”竞争，但到目前为止，尚未遭遇重大挫败；位于明尼苏达州圣保罗市的“中等技术含量”公司，3M 公司，在过去的 60 年中，创立了近 100 家新企业或全新的主要产品生产线；即使是在一个较为平凡的行业中，全球主要零售商中最具有企业家精神的大公司英国玛莎连锁百货公司，也从未尝过败绩。这些事实证明，企业家精神是风险最低的，而这其实只是企业家以低风险从事创新活动的小范例。

另外，还有很多个体企业家创办新企业却也创造了很高平均成功率的情况，这也足以反驳企业家精神具有高风险的论调。

大多数人之所以觉得企业家精神具有“风险”，主要是因为在所谓的企业家中，只有少数几个人知道他们在做些什么。高科技领域的企业家尤为如此，高科技领域的企业家精神和创新，比起其他创新（基于经济理论和市场结构的创新或者基于人中统计特征的创新）更加困难。但是，这并不意味着高科技领域的企业家精神就具有“高风险”性。贝尔实验室和 IBM 已经证明了这一点。

实用指南

冒险是企业家精神的天性，没有甘冒风险和承担风险的魄力，就不可能成为企业家。但是这并不意味着企业家精神是风险最高的，他们成功的概率还是很大的。

悦读心得

德鲁克的这一思想对你有什么启示，请拿起笔，写下你的所感、所思、所得：

创新并不是一种性格特质

管理精粹

我见过许多性格迥异但面对挑战时一样出色的人。

《创新与企业家精神》德鲁克

精彩阐释

德鲁克认为，尽管不同的人拥有着不同的个性，但成功创新的人却拥有着一个令人惊叹的共同点：他们面对挑战或者创新机会时总是表现得极为出色。

2001 年 5 月 20 日，美国一位名叫乔治·赫伯特的推销员，成功地把一把斧子推销给了小布什总统。布鲁金斯学会得知这一消息，把刻有“最伟大的推销员”的一只金靴子赠予了他。这是自 1975 年该学会的一名学员成功地把一台微型录音机卖给尼克松以来，又一学员登上了如此高的门槛。

一位记者在采访他的时候，他是这样说的：“我认为，把一把斧子推销给小布什总统是完全可能的。因为，布什总统在得克萨斯州有一农场，那里长着许多树。于是我给他写了一封信说：‘有一次，我有幸参观了您的农场，发现那里长着许多矢菊树，有些已经死掉，木质也已经变得松软。我想，您一定需要一把小斧头。但是从您现在的体质来看，这种小斧头显然太轻，因此您仍然需要一把不甚锋利的老斧头。现在我这儿正好有一把这样的斧头，它是我祖父留给我的，很适合砍伐枯树。假若您有兴趣，请按这封信所留的信箱，给予回复……’最后他就给我汇来了 15 美元。”

从这个故事中我们可以知道创新不需要天才。创新只在于找出新的改进方法。任何事情的成功，都是因为能找出把事情做得更好的办法。接着，我们来看看怎样发展、加强创造性的思考。培养创造性的思考的关键是要相信能把事情做成。要有这种信念，才能使你的大脑运转，去寻求做这种事的方法。

一家电器公司一度积压了大量的电扇卖不出去。7万多名职工为了打开销路，费尽心机地想了不少办法，依然进展不大。

有一天，一个小职员向公司领导人提出了改变电扇颜色的建议。当时全世界的电扇都是黑色的，这家公司生产的电扇也不例外。这个小职员建议把黑色改为浅颜色。这一建议引起了公司领导人的重视。经过研究，公司采纳了这个建议。第二年夏天，公司推出了一批浅蓝色电扇，大受顾客欢迎，市场上还掀起了一阵抢购热潮，几个月之内就卖出了几十万台。从此以后，电扇就不再板起一副统一的“包公脸儿”了。

人们每天都在解决问题，但每天也都面临新的问题，也时常被问题所困扰，如果大家在解决问题的过程中都利用一些创意，问题解决起来就可以更容易些。

一家百货商场，虽地处闹市中心，地理位置也不错，但总是门外车马喧嚷，而店内冷冷清清，许多人都是从店门前的大街上匆匆而过，很少进店驻足。没有顾客，商场的生意就一直很清淡。经理对此一筹莫展。一次，经理的朋友偶然路过商场，听经理叹息着说了商场的冷淡后，朋友沉思良久，笑着对经理说：“要让过往行人都能到你店里来看看并不难，有一面镜子就行了。”

经理半信半疑，但还是按照朋友的吩咐，在临街的墙上装上了一面仅几个平方米的镜子。镜子的上方，用红纸贴了一行大字，“朋友，请注意您的仪容！”镜子的下方贴了一行小字，“店内备有免费使用的木梳。”

当许多人又从商场门前经过时，会不由自主地走到镜子前照一照，然后就走进了商场梳理头发。如果需要打鞋油，鞋刷备有十几把，可以免费使用，但各种鞋油店内却在柜台上销售。

商场内的人一下子拥挤起来，有买鞋油就地擦鞋的，有买发胶就地梳理头发的，有买口红对着店里的镜子涂抹的。当然，店内的护肤品、日用小百货等也销量激增，商场的生意一下子就火爆了起来。一面镜子，就把匆匆而过的路人“照成”了店内购物的顾客，就这么简单。

在我们的工作过程中，时时刻刻得检查工作的执行情况。而我们周围的环境和事物不断变化，因此在工作的执行过程中难免会因为变化而带来新问题。针对我们发现的新问题，如果我们还以旧的思维去思索问题，以旧的方法解决问题，不仅无法解决问题，还会带来一系列的新问题。新问题需要新思路和新的解决方法，需要创意来产生主意，并敢于将这些想法付诸行动，变为创新的结果。

实用指南

冰冻三日非一日之寒，经常去反方面思考问题，去逆向探索问题，并且敢于大胆假设和尝试，那么你才可以真正突破常规思维，从而拥有一个创新思维能力的头脑。

悦读心得

德鲁克的这一思想对你有什么启示，请拿起笔，写下你的所感、所思、所得：

敢于决断是创业者的必备素质

管理精粹

任何敢于决断的人都可以成为创业者。

《创新与企业家精神》德鲁克

精彩阐释

德鲁克说，任何敢于决断的人，都能够通过学习成为一名企业家。

果断决策是优秀管理者必备的素质之一。尽管我们不断被叮嘱决策要慎重，但我们必须明白，如果不能当机立断，机遇就会溜走。

在20世纪50年代中期，塑胶花的热潮在欧美市场逐渐兴起，每家每户以有塑胶花为时尚。这让李嘉诚看到了商机。他当机立断，丢下其他生意，全力以赴投资生产塑胶花，他的“长江塑胶厂”一举成为世界上最大的塑胶花工厂，他也被誉为“塑胶花大王”。

60年代后期，虽然塑胶花热并没有过去，但李嘉诚预感到塑胶花市场将由盛转衰，于是立即退出塑胶花业，重操玩具等行业，使他避过了一场塑胶花行业危机。

这一时期，香港经济开始起飞，地价一路飙升，李嘉诚认为地产业将迎来发展良机。于是他就迅速投资购买大量土地。

最值得一提的是1977年5月，香港政府为兴建中区的地铁中环站和金钟站地面建筑而举行了公开招标，各大财团为争夺这块黄金地段的兴建权展开了激烈竞争。英资怡和财团控制下的置地公司背靠香港政府，素有“地产皇帝”之称。最终，李嘉诚的“长江实业”战胜了它，开了华资吞并英资的先河，被人们称之为“小蛇吞大象。”

70年代后期，香港股市开始疯狂。李嘉诚迅速投资入市，毫不手软。他首先瞄准的目标是英资怡和集团的“九龙仓”，悄悄地买入，果断地抛出，净赚5900万港元。

1978年，他又把目光对准了另一家老牌英资公司“青州英妮”，果断出手，很快在股市上收购了“青州英妮”25%的股票。他遂出任该公司的董事。

紧接着李嘉诚集中火力，对英资和记黄埔穷追不舍，在股市上大量吸纳和记黄埔的股票。1980年11月，通过整整一年不间断的努力，终于成功地拥有超过40%的和记黄埔股权。1981年1月1日，他正式出任老牌英资洋行和记黄埔董事局主席，一举成为香港首富。

李嘉诚能成功，其灵活的经营与决策起了决定性作用：反应敏锐，处事果断；能进则进，不时则退。也正是因为李嘉诚的处事果断，也在香港及亚洲经济界获得了举足轻重的地位。

实用指南

军事家果敢明断就能把握战机，企业家在商战中果敢明断就能无往不利。如果不想让机遇流失，不使自己后悔，任何人都要培养和拥有敢于决断的素质和魄力。只有这样，我们才能成长为创业家。

悦读心得

德鲁克的这一思想对你有什么启示，请拿起笔，写下你的所感、所思、所得：

创新是表现创业精神的特殊工具

管理精粹

创新是表现创业精神的特殊工具。

《创新与企业家精神》德鲁克

精彩阐释

德鲁克认为，创业精神视变化为常规。在创业中，创业者最主要的任务是做与众不同的事，而非将已经做过的事情做得更好。创新不仅带来创业的机会，更是为成功提供了保证。

1975 年 8 月的一天，四川省汶川县白岩村的青年姚岩松劳动之余坐在地上休息。他意外地发现，脚下有一只“屎壳郎”在向前爬行，而且正推动着一团比它自身重几十倍的泥土。这一现象引起了姚岩松的兴趣，他蹲在地上仔细观察了好久，似有所悟而又好像越来越迷惑不解。

第二天一大早，他在山坡上又找到了一只“屎壳郎”。为了作进一步观察，他用白线拴了一小块泥土套在这只“屎壳郎”的身上，让它拉着走。奇怪的是，这一小块泥土比昨天的那块要轻得多，而这个“屎壳郎”却怎么也拉不动。姚岩松接着又找了好几只“屎壳郎”来做同样的试验，情况都一样。这让姚岩松悟出一个道理：拉比推更费劲，能够推得动的东西未必能拉得动。

姚岩松曾开过几年拖拉机。他早就发现，在电影上看到的那些各种各样的耕作机械不可能行驶在自己家乡狭小、又高又陡的山地上，他深深感到遗憾。这时他联想到：能不能学一学“屎壳郎”推土，将拖拉机的犁放在耕作机身的前面呢？

按照这一联想，他把从山上采摘来的茅花秆一节一节地切断后，又一节一节地制成“把手”、“机身”、“犁圈”等，忙碌了几天，他终于制做出了一台用茅花秆和小铁丝做成的耕作机模型。3个月后，姚岩松耗费数千元制作的耕作机开进了地里，但它却不听使唤。寝食不安的姚岩松有一天在岷江河畔被一台推土机吸引了。他发现，推土机由于机下有履带，所以稳定性强、着地爬动力好。这时他又联想到，耕作机同推土机一样，要稳定性强，着地爬动力好，不也可以装上履带吗？

又是几个月过去后，姚岩松的第一台“履带式耕作机”终于问世，但这还不是最后的成功。后来又经过数百次改进、试验，直到1992年2月，他才成功地拿出了第十台“屎壳郎耕作机”。以推动力代替牵引力，突破了耕作机械传统的结构方式，他的这一发明兼具创造性、新颖性和实用性，在国内属于首创。

姚岩松发明的这种“屎壳郎耕作机”，体积小，重量轻（仅64公斤），一个人就可以背上山。可以在石梯上行进，还能爬45度的坡，两小时耕的地就相当于一头牛一天耕作的地，而它的价格也只相当于一头牛的价格。由于它具有这些优点，机器一问世，要求联合生产的厂家就络绎不绝。

创新并不神秘，但它的力量却异常的强大和神奇，无数企业的成败得失告诉我们：失去创新，必将面临失败；把握住创新，才能赢得成功。

实用指南

在德鲁克看来，赢在创新，无论对于企业还是个人，这都是一条不容置疑的信念。在当今变化万千的市场大潮中，若能将创新演绎得淋漓尽致，你就会成为最终赢家。

悦读心得

德鲁克的这一思想对你有什么启示，请拿起笔，写下你的所感、所思、所得：

优秀的企业家一定是个冒险家

管理精粹

一个需要万事俱备才能行动的人是不可能成为创业者的。

《创新与企业家精神》德鲁克

精彩阐释

德鲁克说，优秀的企业家一定是冒险家。能否冒险成为创业家和平庸者的分水岭。古往今来，成大事者一定是敢于冒险的人。总是回避困难与风险的人，将与成功无缘。

格蒂1893年出生于美国的加利福尼亚州，父亲是一位商人。他小时候很调皮，但读书的成绩还算不错，后来进入英国的牛津大学读书。1914年毕业返回美国后，他最初的意愿是想进入美国外交界，但很快就改变了主意。

他为什么改变了主意呢？因为当时美国石油工业已进入方兴未艾的年代，一种兴致勃勃的创业精神鼓舞着年轻的格蒂到石油界去冒险。他想成为一个独立的石油经营者。于是，他向父亲提出，让他到外面去闯一闯。

但他父亲提出一个条件，投资后所得的利润，格蒂得30%，他本人得

70%。作为父子，这个条件尽管苛刻，但格蒂爽快地答应了。他有自己的打算。他向父亲借了一笔钱之后，便径自走出家门，独自来到俄克拉荷马州，进行他的第一次冒险事业。

1916 年春，格蒂领着一支钻探队，来到一个叫马斯科吉郡石壁村的附近，以 500 美元租借了一块地，决定在这里试钻油井。工作开始后，他夜以继日地奋战在工地上。经过一个多月的艰苦奋战，终于打出了第一口油井，每天产油 720 桶。格蒂从此进入了石油界。就在同年 5 月，他和他父亲合伙成立了“格蒂石油公司”。

1919 年，格蒂以更富冒险的精神，转移到加利福尼亚州南部，进行他新的冒险计划。但最初的努力失败了，在这里打的第一口井竟是个“干洞”，未见一滴油。但他不甘心，在一块还未被别人发现的小田地里取得了租权，决心继续再钻。然而这块小田地实在太小了，而且只有一条狭窄的通道可进入此地，载运物资与设备的卡车根本无法开进去。他采纳了一个工人的建议，决定采用小型钻井设备。他和工人们一起，从很远的地方，把物资和设备一件件扛到这块狭窄的土地上，然后再用手把钻机重新组合起来。办公室就设在泥染灰封的汽车上，奋战了一个多月，终于在这里打出了油。

随后，他移至洛杉矶南郊，进行新的钻探工作。这是一次更大的冒险，因为购买土地、添置设备及其他准备工作，已花去了大笔资金。如果在这里不成功，那么将意味着他已赚取到的财富将会毁于一旦。他亲自担任钻井监督，每天在钻井台上战斗十几个小时。打入 3000 米，未见有油。打入 4000 米，仍未见有油。当打入 4350 米时，终于打出油来了。不久，他们又完成了第二口井的钻探工作。仅这两口油井，就为他赚取了 40 多万美元的纯利润。这是 1925 年的事情。

格蒂的冒险一次次地获得成功，促使他想去冒更大的险。1927 年，他在克利佛同时开了 4 个钻井，又获得成功，收入又增加了 80 万美元。这时，他建立了自己的储油库和炼油厂。1930 年他父亲去世时，他个人手头已积攒下数百万美元了。以后的岁月，机遇也常伴格蒂身边。他所买的租田，十之八九都会钻出油来。而且，他的事业也一直顺风满帆，直到成为世界著名的富豪。

具有创业精神的人总能坚持做到有良好的计划就去实施，有出色的点子就去执行，绝不会让自己处于一种躲避退让、被动挨打的地位。他们无比渴望更大的事业舞台和更大的成功。事实上，也只有敢于冒险，才可能抓住稍纵即逝的创业机会。

实用指南

在德鲁克看来，要冒险，没有勇气是做不到的。只有有胆有识，才能在别人犹豫不决时果断决策，才能不安于现状，创造更多辉煌。但是，有冒险的勇气，敢于去做有风险的事，并不意味着顾前不顾后，一味头脑发热，横冲直撞。胆识固然重要，但智慧更加可贵。没有智慧的胆识，可谓有勇无谋。这样的“勇敢”不是冒险，而是盲动，有时简直近于自杀。

悦读心得

德鲁克的这一思想对你有什么启示，请拿起笔，写下你的所感、所思、所得：

第二章

创新精神是企业的灵魂

创新并不是让你去冒险

管理精粹

大多数的成功创新者在现实生活中都不是有“浪漫气质”的人物，他们把大部分时间花在流动资金的估算上，而非武断地做出冒险尝试，他们并非“专注于风险”，而是“专注于机遇”。

《创新与企业家精神》德鲁克

精彩阐释

在一次企业家精神研讨会上，企业家提出了这么一个观点，成功人士都有一个共同的特点，一个唯一的特点：“他们都不是‘风险偏好者’。他们总是试图确定风险的性质，并且最大限度地降低风险。否则，我们中间就没有人会取得成功。”德鲁克对这个观点十分赞同。他认为，创新当然是有风险的。但是，坐进汽车，开车去超市买面包，也同样有风险。一切经济活动就其定义而言都是“高风险”活动。保护昔日的成果比创造未来的风险更大。据我所知，创新者只有在确定风险性质、界定风险范围的情况下才可能取得成功，只有在系统分析创新机会来源、认准机会和利用机会的情况下才能取得成功。

德鲁克认为，企业要想使自身成为变革的先驱，就必须建立起对内与对外的连续性，更重要的是要保持变革和连续性之间的平衡性，使得变革的速度保持企业内部的稳定。为了保持组织内部的稳定和变革的成功率，企业的每一个改进和创新，都要进行小规模的测试，这是市场调查研究所不能替代的。

德鲁克的这种谨慎变革的态度和柳传志办公司的态度有着惊人的相似。柳传志对自己做事风格有个形象的描绘："先要看，看好了再去试，一步，两步，三步，踩实一脚，再踩实一脚，每踏出一步，都小心翼翼地抬头远望并回头四顾，感觉这一步大了，就再回头踩踩，直到终于看到踏实的黄土路，撒腿就跑……"

凭着这种做事风格，联想失去过很多机会，但是也避免了许多次翻车的风险。比如房地产热、股票热，联想都不为所动，专心致志地做自己的电脑。

卓越的领导者和决策者，绝不会轻率地发动企业的变革，他们总是冷静地分析现实，在提出可行性方案后，总会先采取谨慎的或者是渐进的方式进行"探水"，而不是盲目地发动革命。然而，很多企业的领导者却经常在变革过程中搞"大跃进"，结果造成了严重损失。实达公司在"变革"中崩塌的事例就值得企业家们警醒。

实达公司是 20 世纪 90 年代国内 IT 界的著名企业。1998 年 7 月，一个偶然的机会，时任实达总裁的叶龙认识了麦肯锡咨询公司的专家，双方交谈甚欢，叶龙的实达预付 50 万给麦肯锡做市场调研，主要调研实达的经营现状。当麦肯锡拿出调研数据后，实达高层大吃一惊，原来实达最优质的客户，每年在实达的采购还不到他们当年同类产品总体采购额的 10%。实达高层随后决定做一个 300 万的咨询项目：建立高绩效的营销体系，对实达以往的管理架构进行全面变革。

麦肯锡的方案是：解散集团以前的子公司制，将市场营销、销售和生产统一收到集团层面。集团的三位高级副总裁各负责一块。变革改组方案改变了实达传统的营销模式，特别强调资源共享。比如针对一个行业客户，实达只需一名销售代表就可以将个人电脑、各种终端、服务器、网络产品统一销售给客户，而不需要像过去子公司那样每家都要上门推销。针对这一主张，麦肯锡提供给实达两个方案：一个是一步到位的，一个是渐进式的。实达高层迫切希望改变，最后选择了一步到位的方案。

1999 年 1 月 1 日，实达开始实施麦肯锡的变革改组方案，进行了“千人大换岗”行动。各地分公司的负责人也放下手中业务，赶回福州进行培训和学习。然而出人意料的是，实达的信息系统出了问题：老的系统停止运营，而新的系统尚未建好且不断出故障。结果 1 ~ 3 月，实达高层连基本的市场数据都能不掌握。那时，联想、方正已开始降价了，实达没有降，导致实达销售量大幅下降。而营销部没有整合前，一个销售员卖一种产品；整合后，一个销售员要卖实达的全部产品。这种销售技能需要学习、掌握的时间，实达人一时适应不了这种改革，内部管理一片混乱。

新管理体系在推行的过程中给集团经营造成了较大的负面影响，直接导致了经营业绩的滑坡。1999 年 6 月，管理重组变革方案正式宣告失败。总裁叶龙只得引咎辞职。

实达为什么瞬间崩塌？实达的确非常重视变革，但是，企业变革的速度和风险是成正比的。对于麦肯锡的方案，还没有经过试点就立即推行，所带来的震荡是无法预测的。新的制度尚未建立，旧的制度已经全面坍塌，新旧制度变出现断层，而组织也必然随之崩溃。这种过大规模的变革比不变革更可怕。变革固然重要，但是在任何变革中都有稳定大于一切的需要。任何变革都必须得有一个缓冲阶段才能保证企业的安全性。头脑发热的变革向来都是高风险的冒进！

实用指南

成功的创新者都比较保守。一般而言，我们对于创新多半有一个误解，即打破旧的才有创新。事实上所谓的新产品，大多还是从已有的领域当中进行改进与创新而已。因此，虽然只是提升了旧有商品的附加值，依然会得到广大消费者的青睐。并且，变革是带有风险的，变革不是盲目的。

悦读心得

德鲁克的这一思想对你有什么启示，请拿起笔，写下你的所感、所思、所得:

创新精神是企业的灵魂

管理精粹

在这个要求创新的时代中，一个不能创新的企业注定是要衰落和灭亡的。对创新进行管理，将日益成为企业管理层、特别是高层主管的一种挑战，并将成为其能力的一种试金石。

《管理：使命、责任、实践》德鲁克

精彩阐释

德鲁克认为，创新不仅是技术创新，还有战略、观念、组织、市场、经营模式的创新。重塑企业战斗力，必须全面提高企业创新力，要如杰克·韦尔奇所说:“对待创新你不能保持镇静而且理智，你必须要达到发狂的地步。”

享有“汽车大王”美誉的亨利·福特在福特汽车公司发展初期是一个具有强大创新力的企业领导者，福特用他的不断创新将企业推向巅峰。然而，随着时间的推进，老福特的创新渐渐教条化。20世纪20年代，美国进入了大众化富裕时代，随着生活水平的提高，当时美国人的需求越来越多元化，他们更注重的是速度、造型、环保及个性化，老福特却仍坚持低成本车的策略，他继续拼命生产颜色单调，而且耗油量大，排气量大，完全不符合日益紧张的石油供应市场和日趋严重的环境保护状况的T型车。当小福特提出生产豪华型轿车的建议时，老福特不仅不予采纳，甚至用斧子劈毁了新车型。

与此同时，通用汽车等其他几家公司则紧扣市场需求，制定正确的战略规划，生产节能低耗、小型轻便的多种类汽车。结果在20世纪70年代的石油危机中，通用汽车一跃而上，而福特汽车却到了破产的边缘。

老福特这才意识到自己的错误判断，转而根据小福特的意见推出豪华型轿车。但是先机已失，老福特感慨地总结说："不创新，就灭亡。"

对于企业的管理者来说，一定要牢记创新是企业的灵魂，并设法寻找企业创新的思路。

第一，学习本业之外的知识。

挤出时间广读博览，学习影响你的业务的各种知识。正如运动可以增强体质，读书能开启心智，应当开拓思维，掌握处理业务的基本技能，如解决问题、决策、谈判和员工管理等。

第二，设法结交其他行业中具有创造力的思想者。

经常待在自己的小圈子里，会导致"自我封闭"。制造商需要和饭店老板一起打打高尔夫球，室内装潢设计师则可以邀请工程师共进午餐。尽力广泛征求各方建议，然后仔细选择并加以采纳。

第三，长远思维对成功不可或缺。

保持一贯的质量和品格，用心寻找那些前途光明、能激起你的热情、合乎你的远景规划并能发挥你所长的领域。一旦找到就不遗余力地投身进去。

第四，树立整体观的管理理念。

把你的企业看作是一个统一机体。质量问题会影响到销售，管理不善又会降低产量。你的决策和行动看起来只限于解决出现的问题，其实最终会影响到你的顾客，并因此对销售产生影响。

第五，拥抱失败。

创新过程中经历的失败能提醒你认清自己思维和观念中的偏差。

第六，挖掘创新机会。

重新审视你的工作程序。你们如何完成工作？你的产品或服务是怎样提供给顾客的？凭借工作程序创新，你可以大大提高企业的效率和利润，从竞争者中脱颖而出。

第七，重视不寻常的要求。

多数企业只选择最简单且自己轻车熟路的东西，提出特殊要求的人们通常会被拒之门外。千万不要对这些人置之不理，要和他们交朋友，从他们那里汲取灵感，他们可能有助于你预测未来趋势。如果你不这样做，自会有别人去做，这样你就比别人少了这方面的竞争力。

实用指南

如何在激烈的竞争中生存并取得发展，是每一家企业必须面对的现实。企业要做的事情很多，但其中最重要的一点是创新的理念树立，积极寻求变革，而不是等危机来临才临时抱佛脚。

悦读心得

德鲁克的这一思想对你有什么启示，请拿起笔，写下你的所感、所思、所得：

创新是一张让生意人承担新风险的保单

管理精粹

在企业的任何阶段都能发现创新，它可能是设计环节上的创新、产品及营销方法的创新、价格及客户服务的创新、管理机制或管理方法的创新。它是一张让生意人可以承担新风险的保单。

《管理的实践》德鲁克

精彩阐释

创新存在于公司经营活动的各个环节。企业家可以在方方面面创新，也可以在某个方面创新。市场是很公正的，只要创新得当，符合市场需要，市场就会给予丰厚的回报。王永庆被台湾商界誉为“经营之神”，殊不知，当年刚刚起步创业的他，就是通过一些细节上的创新一步步发展起来的。

王永庆早年因家贫读不起书，只好去做买卖。1932 年，16 岁的王永庆到嘉义开一家米店。当时，嘉义已有米店近 30 家，竞争异常激烈。仅有 200 元资金的王永庆，只能在一条偏僻的巷子里租一个小铺面。他的米店开办最晚，规模最小，没有任何优势，新开张时，生意冷清。

那些地段好的老字号米店在经营批发的同时，也兼做零售，没有人愿意到地处偏僻的米店买货。即使王永庆曾背着米挨家挨户去推销，效果也不太好。

王永庆觉得要让米店在市场上立足，自己就必须转变思路，必须有一些别人没做到或做不到的优势才行。很快，王永庆从提高米的质量和服务上找到了切入点。他决定在产品质量和服务上进行创新，以此来改变那些旧有的习惯，吸引顾客关注自己店面。

当时的农业技术落后，稻谷收割后都铺放在马路上晒干，然后脱粒，这就使一些杂物掺杂在米中。用户在做米饭前，都要淘米，用起来很不便，但买卖双方对此都习以为常。王永庆从这一习以为常的现象中发现了商机。他带领两个弟弟一齐动手，不怕麻烦，一点一点地将夹杂在米里的秕糠、沙石之类的杂物拣出来，然后再出售。这样，王永庆米店卖的米的质量就要高一个档次，因而深受顾客好评。

有了信誉，米店的生意也日渐红火起来。同时，王永庆也进一步改善服务。当时的用户都是自己买米、自己运送，这对于年轻人来说不算什么，但对于一些上了年纪的老人，就是很麻烦的事。王永庆注意到这一点，于是超出常规，主动送货上门。这一方便顾客的服务措施，很快为他赢得了市场。每次给新顾客送米，王永庆都细心记下这户人家米缸的容量，并且问明这家有多少人吃饭，有多少大人、多少小孩，每人饭量如何，据此估计该户人家下次买米的大概时间，记在本子上。到时候，不等顾客上门，他就主动将相应数量的米送到客户家里。在送米的过程中，王永庆还了解到，当地居民大多数都以打工为生，生活并不富裕，许多家庭还未到发薪日，就已囊中羞涩。由于王永庆主动送货上门，要货到收款，有时碰上顾客手头紧，一时拿不出钱，会弄得大家很尴尬。为解决这一问题，王永庆采取按时送米，不即时收钱，而是约定到发薪之日再上门收钱的办法，极大地方便了顾客。王永庆通过提高产品质量、创新服务、改变收款方式等，使自己的米店一下子成为当地最受欢迎的米店。

由此可见，只要是符合顾客需要的创新，一定能够受到顾客的欢迎，从而最大限度地保证企业的经济效益。创新，是企业家的保单。不创新，企业等于自我放弃前途，最终会被市场所淘汰。

实用指南

伟大的公司都是擅于创新的公司，企业管理者应该不断拓宽思路，不拘泥于以往经验和成就，以想人之所未想，为人之所不能为，出其不意，以新制胜，利用创新摆脱红海的纠缠，开辟蓝海新世界。

悦读心得

德鲁克的这一思想对你有什么启示，请拿起笔，写下你的所感、所思、所得：

创新是挑战竞争、避免竞争

管理精粹

每个组织都有不同的核心能力，它可以说是组织性格的一个组成部分。但是，每个组织，不仅仅是企业，都需要一种核心能力：创新。

《巨变时代的管理》德鲁克

精彩阐释

市场是无情的，落后的企业或者产品只能被取代，然后死亡。市场就是一头追逐猎物的狮子，成千上万个产品就是成千上万只羊，要想不成为市场口中的食物，唯一的出路就是不断提升自己的竞争力，而创新是提升竞争力最为主要的出路。许多成功的企业都是通过创新来保持领先的，创新是企业的核心能力。

美国明尼苏达矿业制造公司，也就是人们常说的3M公司，以其为员工提供创新的环境而著称。走进它总部的创新中心，最吸引人的是橱窗里陈列的各式3M产品。从医药用品、电子零件、电脑配件，到胶布、粘贴纸等日常用品，逾5万种的产品表明该公司在产品创新方面的强大优势。该公司起初是个名不见经传的小公司，依靠创新精神，成为令人尊敬的“创新之王”。

3M公司视创新为其成长的方式，视新产品为其生命。公司的目标是：每年销售量的30%从前4年研制的产品中取得。每年，3M公司都要开发200多种新产品。3M公司的创新思维是，要创新就要创造一种环境，创新不是简单的投入，而是一种持续的过程。

这种思维使它们在各个层面都重视创新，从鼓励研究人员发展新构想的“15%规则”、设立资助创新计划的辅助金，到创造容忍失败的环境，3M无处不显示出对创新文化的重视。在3M，创新不局限于产品的研发，任何改进先前的做法都被视为创新。一个简单的例子是，一位刚刚进入公司不久的小姑娘，看到快递公司下单的同时，会给一个追踪号码，以此来追踪邮件到达的位置，她便建议将此用于3M产品到达供应商的位置追踪上，后来，这个建议被采用并广泛运用于物流追踪。在3M公司看来，这种移植也是一种创新。

3M任何一位员工都不用担心自己的研究没有价值，任何一个员工的新想法都会受到重视。如果你的上司不认同你的研究，那也没关系，你坚信自己的新构想终会开花结果，那么你可以利用 15% 的工作时间继续实验自己的构想，直到成功为止。3M 许多产品的诞生就是得益于“15% 规则”。

3M 公司还营造了一种容忍失败的工作环境。不论你提出何种想法，都不会遭到其他人的嘲讽。3M 认为不成功并不代表失败，对 3M 的员工而言，失败并不可怕，只要你不是毫无建树，只有毫无建树的员工才会遭到解聘。作为一个以知识创新为生存依托的公司，3M 公司有强烈的创新意识和创新精神。他们认为，知识型员工是实现公司价值的最大资源，是 3M 赖以达到目标的主要工具。因此，3M 的管理人员相信，建立一种适应知识型员工的创新文化氛围非常重要。

要延续 3M 公司的创新文化，必须聘用最具创意的科研人才。3M 非常重视这方面的工作。他们在招聘人才时，会专门成立调查小组。调查小组找来公司里最具创新力的科研人才，询问他们在进入公司前做过什么。最后，调查小组发现，创造力强的人都有兴趣广泛、好奇心重、喜欢问问题、自主性强、新点子多、拥有强烈的道德观等特性，这些人有“先实验后解释”的作风。由此，3M 知道今后它需要的应该是有勇气、不怕犯错误、拥有良好技能和创新特质的科研人员。3M 公司就是以这样的标准去招聘人才，并取得了巨大成功。

3M 在海外聘用当地人才时，也很有特色。许多优秀人才都会跑到当地的著名公司去，3M 似乎很难再挑到优秀人才。但 3M 用逆向思维分析这种问题，它认为传统的当地人才会加入传统的当地企业，而剩下的人正好是 3M 要找的人，因为他们不会遵循传统，而喜欢独辟蹊径，这些不满足现状的人，才是具有创新精神的人。

实用指南

创新不是一切，不是企业永远的制胜法宝。在市场经济条件下，企业仅靠技术水平的先进，是不能确保其在竞争中取胜的。如果创新忽视市场的变化，必然遭到失败。

悦读心得

德鲁克的这一思想对你有什么启示，请拿起笔，写下你的所感、所思、所得：

对创新进行管理

管理精粹

为了对创新进行管理，一个管理人员不一定是一个技术专家。

《21世纪的管理挑战》德鲁克

精彩阐释

德鲁克认为，一流的技术专家很少能管好创新工作，因为他总是沉浸在自己的专业领域，所以很难找到专业本身以外的变动。而创新管理人员必须了解创新的动态过程。

虽然创新需要自由的工作环境，需要灵感，但创新并非毫无规律可循，管理者管理创新需要遵循一定的原则。这些原则能够帮助管理者更好地识别哪些是真正的创新，哪些是创新的障碍，从而使创新富有实际价值和效率。

木桶原则

指由几块长短不一的木板所围成的一个水桶，水桶的最大盛水量是由最短的一块木板所决定的。木桶原则所要说明的是，在组成事物的诸因素中最为薄弱的因素就是瓶颈因素，事物的发展最终要受该因素的制约。在管理创新中，如果能抓住这个影响事物发展的最关键的环节，就会收到加长一块木板而导致整个水桶的总盛水量很快增加的效果。

木桶原则在企业管理创新中有很大用处。企业组织有不同的层次、不同的职能部门、不同的经营领域，而企业整体管理水平的高低既不是由董事长、总经理来决定，也不是由那些效率最高、人才济济的部门所决定，而只能是由那些最薄弱的层次和部门来决定。因此，只有在最薄弱环节上取得突破性的创新，才能最终提高企业的整体管理水平。

另外，如果企业各个层次、各个部门的工作质量都符合企业整体的要求，那么加大木桶总盛水量的方法，也应该是先行拉长一块木板，然后再一块一块地补齐其他木板的高度。这种方式可以使木桶的总盛水量平稳增加。

还原原则

所谓管理创新的还原原则，就是打破现有事物的局限性，寻求其形成现有事物的基本创新原点，改用新的思路、新的方式实现管理创新。任何创新过程都有创新原点和起点。创新的原点是唯一的，而创新的起点则可以很多。

如在管理上，实现目标的手段是多种多样的。在当时的条件下，我们可能选择了一种最合适的解决方法，但是随着环境的变化，原来的方法并不一定是最好的，这就需要回到最初的目标上来重新制定一种更为合适的新方法。

我们现在所讨论的还原原则，就是要求创新主体在管理创新过程中，不要就事论事，就现有事物本身去研讨其管理创新的问题，而应进一步地寻求源头，寻找其创新的原始出发点。只有抓住这一始发点，所产生的创意才不容易受现有事物的结构、功能等方面的影响，在管理创新上才能有所突破。

交叉综合原则

指管理创新活动的展开或创新意向的获得可以通过各种学科知识的交叉综合得到。目前，科学发展的趋势是综合和边缘交叉，许多科学家把目光放在这两个方面，以求创新。管理作为一门学科，它的创新过程也呈现出了这一态势。

从管理创新的历史过程来看，有两种创新方式是值得重视的。一是用新的科学技术和新的学科知识来研究、分析现实管理问题。由于是用新的学科知识和技术来看待现实管理问题，即从一种新的角度来研究问题，所以就可能得到不同于以往的看法和启示。如把数理统计方法运用到质量控制中，使质量控制从事后检验走向预防控制。二是沿用以往的学科知识、方法与手段。但不是分别单一地去看一个现实的管理问题，而是将这些学科知识、方法、手段综合起来，系统地来看待管理问题，这样也能产生不同于以往的思路和看法。

不怕犯错误原则

最显而易见、具有常识性和令人深信不疑的信念之一，也是人人认为不言自明的信念就是：最好把事情做对而不要做错。而事实上，正是一些所谓的聪明人，为了避免犯错误，什么事情也不做，即使是好的决策也尽量少做。

结果，那些害怕犯错误的人做得少，取得的成就也就少。管理者最大的错误在于不敢犯错误。另外，避免犯错误的另一种办法是不做标新立异的事情。如果致力于创新，你就有了可能犯错误的可能性，因此尽量按原来办法做，还是墨守成规为好。没有新尝试，也就没有新作为。

要做到不怕犯错误是比较困难的，因为人们从小就养成了思维定式。学校根据学生们提供正确答案的能力来给他们评分，并因他们做错答案而惩罚他们。同样的，几乎所有的组织原则都是惩罚失误者，而绝对不惩罚服从命令的人。就此，许多人养成了怕犯错误的恐惧心理，并竭力避免犯错误。人们学会要做得完美无缺，而不是要有创造性。

企业永远需要有能够创新、敢于行动、不怕犯错误、好学的员工。现在一些企业家开始避免犯不让企业犯错误的错误。如美国 3M 公司就提出了“允许犯错误，不允许不创新”、“允许犯错误，但不允许犯相同的错误”等企业理念，从而积极鼓励员工参与企业各类创新活动。

兼容性原则

管理创新要坚持“古为今用，洋为中用，取长补短，殊途同归”的原则。既要学习外国的先进经验，也要学习中国古代的管理思想，并结合中国企业的实际情况，创新出独具特色的管理理论与方法。管理理论与方法的发展不同于自然学科，自然学科理论的发展与创新，是一种否定之否定的关系，新理论的创新意味着对旧理论的否定。而管理理论的创新往往是一种兼容关系，是从不同角度对旧理论的完善和补充。如组织行为理论的出现，并不意味着泰罗制的结束。即使在美国，现在还有70%的企业运用泰罗的科学管理法为其创造利润。兼容性原则是指根据自身的实际情况，吸收别人先进的管理思想、管理方式、管理方法，进行综合、提炼。

实用指南

大多数企业都存在着不同程度的持续发展障碍，其中管理层面的障碍更是非常突出，管理创新成为企业的当务之急。

悦读心得

德鲁克的这一思想对你有什么启示，请拿起笔，写下你的所感、所思、所得:

创新是一件艰难的事情

管理精粹

创新的理念就好像蛙卵一样：孵化的上千个蛙卵中，能存活成熟的只有一两个而已。

《管理前沿》德鲁克

精彩阐释

德鲁克认为，创新的过程是非常复杂的，非常艰难的，是在没有任何可参照事例的情况下进行的。具备创新精神的管理者总是能百折不挠，因为他们明白，创新的理念并不是都能转化为可行的良策，正好相反，大部分的理念都容易夭折。

在电灯问世以前，人们普遍使用的照明工具是煤气灯或煤油灯。这种灯使用起来要燃烧煤油或煤气，因此，有浓烈的黑烟和刺鼻的臭味，而且要经常添加燃料，擦洗灯罩，所以很不方便。更严重的是，这种灯很容易引起火灾。多少年来，很多科学家想尽办法，想发明一种既安全又方便的电灯。

19 世纪初，英国的科学家戴维和法拉第用 2000 节电池和两根炭棒，制成世界上第一盏弧光灯。但这种灯光线太强，只能安装在广场或街道上，普通家庭无法使用。无数科学家为此绞尽脑汁，想制造一种价廉物美而又经久耐用的家用电灯。

这一天终于来到了。1879 年，一位美国发明家通过长期的反复试验，终于点燃了世界上第一盏有实用价值的电灯。他，就是被后人赞誉为“发明大王”的爱迪生。

1847 年 2 月 11 日，爱迪生出生于美国俄亥俄州的米兰镇。他勤奋好学，勤于思考，其发明创造了电灯、留声机、电影摄影机等 1000 多种成果，为人类做出了重大的贡献。

16 岁那年，爱迪生便发明了每小时拍发一个信号的自动电报机。后来，又接连发明了自动数票机、第一架实用打字机、二重与四重电报机等。有了这些发明成果的爱迪生并不满足，1878 年 9 月，爱迪生决定向电力照明这个堡垒发起进攻。他翻阅了大量的有关电力照明的书籍，决心制造出经久耐用而又安全方便的电灯。

于是，爱迪生开始试验作为灯丝的材料，爱迪生以极大的耐心，试验了 1600 多种材料，用炭条、白金丝，还有钌、铬等金属做灯丝，都以失败而告终。面对失败和有些人的冷嘲热讽，爱迪生没有退却。

经过 13 个月的艰苦奋斗，爱迪生试用了 6000 多种材料，终于发现可以用棉线做灯丝，足足亮了 45 小时灯丝才被烧断。于是人类第一盏有实用价值的电灯诞生了。这一天——1879 年 10 月 21 日，被人们定为电灯发明日。经过进一步的试验，爱迪生发现用竹做作灯丝效果很好，灯丝耐用，灯泡可亮 1200 个小时。从此，电灯开始进入寻常百姓家。

由此可见，创新并不是一件容易的事情，创新的过程难免会遇到困难和挫折，甚至出现失误，这就需要管理者有知难而进、迎难而上的锐气和绝不言败、百折不挠的韧劲。如果一遇到困难和挫折就失去信心，打退堂鼓，就不可能有所创新。

实用指南

仅有创新的愿望是不够的，要真正达到创新的目的，要求我们必须具备从理论到实践多方面的创新能力。只有认真学习、深入实践、勤于思考，才能不断增强掌握客观规律、提出新见解的能力。

悦读心得

德鲁克的这一思想对你有什么启示，请拿起笔，写下你的所感、所思、所得：

第三章

企业家柔道把握创新规律的方法

重视产业和市场的变化

管理精粹

市场和产业结构的变化同样也是一个重要的创新机遇。

《创新与企业家精神》德鲁克

精彩阐释

德鲁克认为，市场和产业结构相当脆弱。一个小小的冲击，就会使它们瓦解，而且速度往往很快。如果发生这种情况，产业内的每个成员都必须采取相应的措施。沿袭以往的做法注定会给公司带来灾难，甚至可能导致一个公司的灭亡。但是，市场和产业结构的变化同样也是一个重要的创新机遇。

企业要发展，必须重视产业和市场结构的变化。然而，在现实管理中，很多企业家总是把思维局限在“天不变，道亦不变”的僵硬框架中，眼睛只盯着竞争对手，只看着有限的蛋糕容量，却不想办法超越现状、直面现实，这样的企业无法成为一流的企业，也无法成为长寿的企业。在这个推陈出新速度过快的时代，企业只有时刻注意市场的变化，才能因适应市场生存下来并发展起来。

谭鱼头火锅店1997年成立，它的第一家火锅店开业后，因为做工精细、味道鲜美，所以餐厅门庭若市，天天爆满，门口经常有几十个人排队等位置。就在此时，一件意想不到的事引起了老板谭长安的注意：由于每天用餐的人太多，客人经常要等很长时间。一天，有个客人等了2个小时，还没有排到。他很生气，当时就叫来了谭鱼头的老板谭长安。不管谭长安怎么解释，怎么表示抱歉，那个客人还是怒火中烧，气急之下，还给了谭长安一拳。

然而，那一拳不但没有让谭长安恼羞成怒，反而让他开始了深刻的反省。他想，为什么客人会那么愤怒呢？是因为等了太长的时间。而导致客人等待时间长的主要原因是上菜速度慢。餐厅都是采用手工写菜单传菜，效率很低。

想到这一层，谭长安萌生了求变的念头，常言道："变则通，通则久。"要提高效率，由餐饮业的小虾米转变为鲸鱼，必须首先提高效率。于是经过一番研究，谭长安在自己的各个连锁店开始建设IT系统。

这个IT系统的操作流程是：餐厅使用POS机点菜，后台厨房的打印机同步提交顾客点菜信息，库存管理员根据点菜系统中的物料消耗随时补货，财务系统根据点菜系统和结账系统的数据，对每天的销售状况进行精细统计。

这样一来，从前台点菜到厨房准备，再到给顾客上菜的时间都可以用系统记录下来。哪些菜必须在几分钟内提交给顾客，谭长安根据难易程度提具体要求。如果执行不到位，服务员、店堂经理就要受罚。

谭鱼头火锅店成了中式餐饮行业最早实现数码管理的企业，改变了中国式餐饮的粗放式管理，实现了精细化。谭长安说："从传统管理到数码管理的转变原因是因为企业需要，企业长大了，管理也必须随之变化。不是我们想要这么做，是市场要求我们这么做。"谭长安正是直面现实后，谋求变革并获得了成功。

近年来，谭鱼头餐饮公司快速发展，谭长安决定代表中国餐饮走向国际市场，而走出国门走向世界的一个重要前提就是实现"数码火锅"的企业目标。

谭鱼头从IT系统建设之初，就选择了IBM作为自己主要的合作伙伴。在各个门店的硬件设备上和应用环节上，充分吸收了IBM在国际餐饮领域的系统建设经验，并希望在IBM的协助下，名副其实地实现“数码火锅”的梦想。

在IT应用非常落后的传统餐饮行业里，谭鱼头不仅独树一帜地最先开始IT建设，并且选择了与IBM携手。通过与国际最知名的IT公司紧密结合，谭鱼头成为企业直面市场现实，积极变革的典型案例。

谭长安直面市场，冷静地进行自我反思，发现问题的症结所在。正是他的这种反思精神，使他认识到上菜效率低的问题，并坚决地进行变革，从而成为行业中的一流者。

实用指南

企业必须有变革的精神，主动适应市场，要善于自我变革，更新观念，改变思路，丰富思想，才能在变化万千的市场经济大潮中保持着旺盛的生命力。

悦读心得

德鲁克的这一思想对你有什么启示，请拿起笔，写下你的所感、所思、所得:

衡量创新绩效的三个方法

管理精粹

对于一家重视企业家精神的企业而言，必须衡量创新绩效，并以此作为控制自身行为的依据。我们只有对企业家精神绩效进行评估后，企业家精神才能真正化为行动。

《创新与企业家精神》德鲁克

精彩阐释

德鲁克认为，只有评估了企业家的精神绩效，其精神才能真正化为行动。然而，在一般企业和评估中，显然没有评估创新绩效这一项。要在企业的控制体制中设立一些标准来衡量创新与企业家精神绩效，并不是特别困难。我们可按照以下三个步骤来进行：

第一步，在每一个创新项目中，建立一个成果与预期目标进行比较的反馈系统。这一反馈系统可显示出创新计划与实际努力的品质和可靠性。

通常情况下，在任何一个项目开始前，研发经理就要明白：我们从该项目中期望获得什么结果？这个结果何时能够达到？何时对项目进行评估比较合适？此外，还应该不定期地检查自己的期望与实际情况是否相符。这样，他们就能够及时调整自己的方向，辨别出自己擅长的领域和干得不错的地方。当然，这些反馈不仅仅适用于技术研究和开发领域，所有创新努力都同样需要。

这样做的目的有两个：一方面，它可以帮助我们找到自己比较擅长的领域；另一方面，找出那些限制我们发挥自己优势的因素。比如：有些人对完成一项工作所需时间有高估或低估的倾向；有些人一方面高估领域所需投入的研究资源，另一方面却低估把研究成果发展成产品或工作流程所需的资源；还有一些人在自己的事业即将取得突飞猛进的成果时，却放慢了市场推广或促销工作，这种行为非常普遍，却极具破坏性。

第二步，就是将所有的创新努力汇总，进行系统评估。每隔一段时间，企业的管理层就要对企业的所有创新进行评估。

评估的内容主要包括以下几个方面：在这一阶段，哪些创新努力需要获得更多支持并加以推动？现在是应该放弃某些创新努力还是需要加倍努力呢？如果的确到了应该加倍努力的时候，那么期望的结果及最后的期限又是什么呢？哪些创新努力已经开启了新的机遇大门，而哪些创新努力没有达到我们的预期目标？我们应该采取哪些措施？

第三步，管理者必须根据公司的创新目标、绩效、在市场中的位置以及它作为一个企业的整体表现来对公司的体制创新表现进行评估。

每隔几年，高层管理人员要与每个重要领域的相关人员一起座谈，并询问他们："在过去的几年中，你们为公司做了哪些与众不同的事情，在未来几年中，你们打算做什么贡献？"

当然，管理者必须明白，任何评估方法都替代不了人的作用，评估是手段，是方法，而不是目的。评估是为了企业达到高绩效，是为了促进公司的创新，没有评估就没有好成果，但错误的评估会彻底扭曲企业的发展目标。

实用指南

为使企业能够创新，公司必须有明确的衡量创新绩效的办法。审视你所在的企业，看是否已经建立了一套合理的评估体系，如果有，则根据企业的发展，不断完善、更新它，如果没有，则应尽快建立。

悦读心得

德鲁克的这一思想对你有什么启示，请拿起笔，写下你的所感、所思、所得：

创新管理的禁忌

管理精粹

在这个快速变化的时代，一个企业要想具备创新的能力、获得成功的机会并繁荣昌盛，必须将企业家管理植入自己的体系。它必须采用一套政策，使整个组织都渴望创新，并培养重视企业家精神及创新精神。

《创新与企业家精神》德鲁克

精彩阐释

德鲁克认为，要想成为成功的企业家，必须用企业家的精神来管理自己的企业。在管理企业的过程中，还必须注意以下禁忌。

最重要的一个告诫：不要把企业家和创新部门、经营部门混在一起。不要将创新项目放到已有的管理部门之中，绝不能让负责已有业务运营、开发和优化的人员，来承担创新任务。

如果一个企业不能彻底改变其基本政策和实践方法，而试图成为企业家管理，这是注定要失败的。因为兼职的企业家很少会成功。

在过去 10 年 ~ 15 年中，许多大型的美国公司尝试与企业家联合组建合资公司，但是没有一个成功的。因为一方面，企业家总是受困于政策、基本规则和官僚主义守旧的“气氛”之中。另一方面，其合作者大公司的人员也无法明白企业家要做些什么，认为他们缺乏训练、太狂妄和不切实际。

一般来说，大公司只有用自己的人建立这种创新项目，才能成功地成为企业家。但前提是，公司必须信任他，并且他也知道如何在现有企业中进行创新。也就是说，只有用那些能够以合作伙伴身份工作的人才会成功。但是，前提是整个公司要渗透着企业家精神，它希望创新，并努力去实现，而且把创新视为必需和机遇。

若想通过收购小企业来实现自己企业的创新，那是徒劳无功的。收购极少会成功，除非进行收购的企业，愿意并能够在相当短的时间内，向被收购企业提供管理人员。因为被收购企业的管理者一般不会待得太长。如果是专业管理人员，除非新公司提供更好的机会，他们才有可能继续留任；如果他们是所有者，他们现在已经很富有。因此，在一两年内，收购企业必须向被收购企业提供管理人员。特别是对于当一家非企业家企业收购了一家企业家企业时，这一点显得尤为重要。新收购公司的管理者很快会发现他们很难与其母公司的管理者一起工作，反之亦然。

最后一个告诫：创新努力如果脱离已有的事业领域，也很少会成功。创新最好不要“多元化”。尽管多元化有很多好处，但是不能把它与创新和企业家精神混在一起。挑战新事物往往充满艰辛，在自己不熟悉的领域里创新是很难成功的。所以企业的创新，一定要立足于自己的专长：无论是市场知识还是技术知识。

另外，凡是新事物，将来肯定会出现各种问题。所以，企业必须对自己所从事的创新有所了解。

实用指南

所谓创新就是打破旧的规则、秩序、平衡，是对现有秩序的一种破坏，是人们对事物发展规律认识的深化、拓展和升华，而不是随心所欲的主观臆想和标新立异。概括起来，创新其实只有一个字——“变”，而且是主动的变。这种创新很大程度上取决于人们在观念上能不能允许、接受这种破坏，取决于观念能否创新。仔细审视一下你所在的企业，在进行创新管理时，是否犯了上面所说其中一项禁忌。

悦读心得

德鲁克的这一思想对你有什么启示，请拿起笔，写下你的所感、所思、所得：

市场才是创新的焦点

管理精粹

企业的创新必须永远盯在市场需求上。如果只是把焦点放在产品上，虽然能创造出技术的奇迹，但也只能得到一个令人失望的结果。

《管理：使命、责任、实践》德鲁克

精彩阐释

创新体系能不能为市场发展服务，创新成果能不能及时转化为产品的市场竞争力，是评判一个企业市场反应机制、技术提升水平和协调管理能力等“综合素质”高低的重要指标。如果一个企业的产品不能在市场适销，服务不能为市场接受，那么这个企业的科研实力再强，产品和服务再好，最终也会被淘汰。

著名企业春兰集团在创新与市场对接方面，就曾有过教训。20 世纪 90 年代初，春兰研制出了国内第一台变频空调，但考虑到当时市场对这种高端产品的需求不大，因而没有全面推向市场。实际上，这种高端产品的市场还是不小的，由于春兰当时没有全面推出，以致后来其他品牌的变频空调抢了先机。正是因为有了这样深刻的教训，春兰在此后的发展进程中加大了创新与市场对接的力度，并采取了三种对接策略。

一是市场需要什么就研发什么。市场需要健康、静音空调，春兰就研发具备长效灭菌功能、最静音的“静博士”空调；市场需要节能环保空调，春兰就开发达到国家新能效标准、对环境无污染的节能环保空调；市场需要小吨位的大载量卡车，春兰就开发双桥增压加强型轻卡，做到了始终与市场发展同步。

二是市场何时需要就何时提供。由于做到了预期研制和技术储备，因而，无论市场何时需要相关产品，春兰都能做到及时推出，确保供应。

三是主动引导市场的发展趋向。开发高能动力镍氢电池，引导汽车、电动机械和工具等产品的市场向节能环保方向发展；开发移动式与卡式空调，以及镶有触摸屏的水晶彩色面板豪华和超豪华空调，引导消费者向往时尚和个性化特征的新生活。

广泛收集市场信息，及时分析、研究消费者提出的各方面意见和要求，为春兰科研人员的新产品开发注入了活力，这也是春兰自主创新体系能够高效对接市场的根底所在。

春兰集团负责人说，自主创新与市场发展并不矛盾，它们是互为基础、互为支撑的。创新成果物化为受消费者欢迎、让消费者满意的新产品，就能够稳固并拓展更大的市场；市场丰厚的回报又可为自主创新提供有力的物质保证，促进新的技术取得突破。企业自主创新说到底就是为产品的市场竞争力服务。

正是注重创新与市场的对接，春兰的产品不仅销往世界 120 多个国家及地区，而且实现了海外投资与海外贸易同步增长、产品输出向技术输出、一般技术向核心技术、国内选才向全球揽才、适应标准向自主标准、价格竞争向品牌竞争的全方位提升。春兰企业在中国企业联合会、中国企业家协会联合发布的 2006 年度中国企业 500 强排名中名列第 158，2007 年度中国企业 500 强排名中名列第 179。

由此可见，创新不能超越以及滞后于市场需求的实际水平，不能忽视市场购买者的承受能力及其未来趋势。在创新中必须体现市场导向。创新成果最终需要在市场上检验，创新成本和收益完全由市场来埋单。必须充分认识市场对创新的重要影响作用，甚至是决定作用，只有这样，才能提高创新的成功率。

实用指南

企业管理者如果不能把创新意识当作企业最重要的使命看待，不能将创新当作管理的核心看待，那么，公司的发展前景就不容乐观。在进行创新之前，管理者要对市场进行调查，市场调查是企业获取市场信息最直接、最快捷的方式，只有把握住市场的走势，创新才有价值。

悦读心得

德鲁克的这一思想对你有什么启示，请拿起笔，写下你的所感、所思、所得：

企业家柔道

管理精粹

企业家柔道战略旨在取得企业界的领导地位，继而获得市场的控制权。但是，它不是与领导者展开正面交锋，企业家柔道是攻其软肋。

《创新与企业家精神》德鲁克

精彩阐释

德鲁克认为，柔道战略的精髓有三个方面：移动让自己处于最佳位置；平衡整理进攻思路，保持进攻的姿态；杠杆借力将对手的力量转化为自己的竞争优势。德鲁克说，企业家柔道战略打击了对方的弱点。

eBay 就是成功地应用了企业家柔道，受益无穷，大大降低了“互联网巨头”美国在线时代华纳对它的攻击。

在 CTC（消费者对消费者的电子商务模式）拍卖刚兴起时，美国在线不仅是“眼球”和流量的网站领先者，它还比一般的门户网站有着更深更好的客户关系。这对 eBay 而言是极大的威胁。

为了避免这种情况，eBay 就与美国在线保持密切的关系。1997 年秋到 1999 年春，eBay 的高级经理们与美国在线进行了三项成功的交易，一次次都将这个潜在对手抓得更紧。eBay 在每轮谈判中始终坚持一个目标：增加 eBay 的销售，把美国在线逐出市场。

在第一轮谈判中，美国在线能为 eBay 带来巨大的发展机遇，也有使其重创的能力。

为了乘胜追击，1998 年 3 月，eBay 与美国在线进行了第二次谈判。这次，eBay 希望能够得到美国在线控制范围内更大区域的更多独家权力。交易经过 6 个月终于达成。在接下来的三年内，eBay 向美国在线支付 1200 万美元，美国在线将 eBay 加入其网站关键词列表中。这样，美国在线注册用户键入“eBay”就能直接连到 eBay 的网站；此外，eBay 还得到为期一年的更多方面业务的独家代理权。即便那时 eBay 的独家代理权仍不稳固，因为这一回合中，eBay 提出的无竞争条款，遭到美国在线的拒绝。这在某种程度上说明美国在线自身可能在考虑进入拍卖领域。尽管如此挫折，eBay 的总裁惠特曼仍然乐观，他说：“即使他们也进入这个领域，至少需要 6 个～ 8 个月，而我们已经领先了 6 个～ 8 个月。”

通过前两次交易，eBay 暂时抓住了这个最大的竞争对手，但是使它巩固下来的是第三次交易。1999 年 3 月，eBay 和美国在线再次签约：今后 4 年，eBay 以 eBay@AOL 的联合品牌名义，作为美国在线全球用户的独家拍卖服务提供商并出售广告，但是要向美国在线支付 7500 万美元，另外，美国在线同意 2 年内不进入拍卖市场。通过这最近一次的交易，eBay 最大限度地确保了美国在线只能处在网上拍卖业务的边线。

德鲁克认为，在所有获得某一个产业或市场的领导和控制地位的战略中，企业家柔道战略是风险最低、成功率最高的战略。

德鲁克总结了市场领先企业惯有的五个弱点，利用这些弱点，可使行业的新入市者成功地采用企业家柔道战略，与已有的实力强大的企业对抗，并获得业内的领导地位。

想从市场“撇脂”，眼睛只盯着那些能使公司获得高额利润的客户。“撇脂”的做法违背了基本的管理和经济规律，它所得到的惩罚就是失去整个市场。

“出身名门”的观念，即美国俚语所称的“NIH”（Not Invented Here 非出身名门），意为“不是业界发明”。企业或产业自负地认为只有自己想到的创意才是创意，别人的新发明必定会遭到否定。

追求最大化而不追求优化。这个坏习惯终将导致企业的衰亡。

比如，一台用于测试化学反应的分析仪器刚推出时，它的市场有限，仅限于工业实验室。随后，大学实验室、医院和研究机构纷纷开始购买这种仪器，但是每一个用户的需求肯定都有所不同。于是，厂商为了满足不同顾客的需求，就在产品中增加新的功能。最后，原本很简单的一台机器被设计得非常复杂，厂商是把这台机器的功能最大化了。结果，这种仪器却不再满足任何要求，因为它已经过于复杂，过于昂贵，并且难以使用，难以维护。

迷信质量。德鲁克认为，产品或服务的“质量”不是生产商赋予的，而是由客户所发掘并愿意为之付钱的东西。生产商一般认为：一个产品的

“质量”是由其生产的难易程度以及成本的高低决定的，实际上并非这样。客户只给对他们有用、给他们带来价值的东西付钱。此外，再没有其他因素可以构成产品的“质量”。

20世纪50年代的美国电子制造商认为拥有完美真空管的产品是“优质”的，因为这是他们花了30年才研制出来的。而晶体管很简单，就是那些不懂技术的工人，在装配线上就可以生产出来，所以无法跟真空管相比。但是从消费者的角度来看，晶体管收音机很显然更“优质”。因为它的重量很轻，可以随身携带去沙滩或野营。并且它很少出故障，不像真空管收音机需要经常更换真空管，所以它的成本也没有真空管高。这令制造商沮丧不已。

企图通过“高价格”来获得高利润。实际上，“高”价格往往引来竞争对手，因为它为竞争者撑起了“保护伞”。高价只能在想提高股票价格或市盈率时才可偶尔为之。

总之，柔道战略是一个理论上简单，而且实用又系统的战略。在企业管理中，尤其是那些中小企业，可以借助柔道精神在强手如林的企业中胜出。事实证明，这种柔道战略有很强的实用性。

实用指南

使用企业家柔道战略，首先要对所在的行业进行充分分析，要弄明白行业的生产者及供给商的关系，他们的习惯，特别是我们上面所说的坏习惯，以及他们的政策。然后，再研究整个市场，设法找到能取得最大成功、遭遇最小抵制的突破口。

悦读心得

德鲁克的这一思想对你有什么启示，请拿起笔，写下你的所感、所思、所得:

第四章

创新的考验就在于能够创造价值

创新力强的企业没有对手

管理精粹

善于创新的企业很少会遇到竞争，因为别人还在根据昨天的情况来经营事业。

《巨变时代的管理》德鲁克

精彩阐释

德鲁克说，在每一个行业中，除了由政府保护而拥有垄断地位的以外，即便是通用公司这样的全球知名企业，也会因为创新能力的不足而不断失去市场地位。大部分是败给了创新能力突出的新兴企业。市场竞争是博弈游戏，也是跑马圈地，谁的创新能力突出，谁就能占领对手尚未发现的新市场。

一直以来，阿迪达斯所采用的营销策略是赞助重大赛事。这和公司创始人阿迪·达斯勒的经营理念有关，自从公司创办的第一天起，他和他的继任者们只有一个信念：要为运动员提供最好的产品，从而让他们的成绩更好。

践行这一理念的直接举动就是想方设法让运动员穿上阿迪达斯的产

品奔赴赛场。从1928年阿迪·达斯勒为参加阿姆斯特丹奥运会的运动员缝制第一双运动鞋开始，阿迪达斯就成了赞助世界各大体育赛事的常客。令人感到不可思议的是在2004年雅典奥运会上，阿迪达斯向所有28项运动中的26项提供比赛装备。

阿迪达斯开创了多种赞助模式，借助重大体育赛事进行宣传，使阿迪达斯的营销工作总是能够事半功倍。事实上，正是奥运会、欧洲足球锦标赛、世界杯足球赛等各种国际体育比赛为阿迪达斯提供了展示产品品质的绝佳平台。

除了世界大赛外，阿迪达斯还赞助世界各地的国家队和地区队。其中包括德国、西班牙和法国等国家足球队，AC米兰队和皇家马德里队等足球俱乐部队，以及其他职业球队。正是凭借独特的营销模式，阿迪达斯在二十世纪六七十年代领跑整个行业，是全球毫无争议的龙头老大。

但是到了20世纪70年代中期，由于过度使用这种营销方式，一直专注于生产专业的运动鞋，使阿迪达斯忽视了与平民消费者的“亲近”。但当时的市场环境已经发生了变化，平民运动已经成为潮流，对运动产品的要求也越来越个性化。耐克公司正是看到了这一变化，顺势推出了多款适合普通消费者选用的运动鞋。

耐克起源于1962年，由菲尔·耐特首创。为了赶超阿迪达斯，耐特每天都苦思冥想，寻找良策。1975年一个星期天的早晨，耐特的合伙人鲍尔曼在和妻子一起吃早餐时，从餐桌上带有格子纹的华夫饼干中得到启发。他研制出了一种新的鞋底，这种新的鞋底的形状如“华夫饼干”一样。由于这种鞋底上具有小橡胶圆钉，能够使它比市场上流行的其他鞋底的弹性更强，减震和缓冲效果更为出色。

这种鞋底很受欢迎，耐克公司1976年的销售额达到1400万美元，比上年的销售额增加了一倍。耐克公司从中尝到甜头，加大了产品研发比重。到七十年代末，耐克公司专门用来研发的人员已经超过100名。到

1980 年前后，耐克的市场份额已经接近 50%，昔日的行业老大阿迪达斯早已被甩在身后。

创新意味着比别人先跑。德鲁克认为，21 世纪因为信息革命的革命性影响而时常面临着变革契机。显然在各种机遇的把握上，创新能力越强的企业，把对手甩开得越远，越容易获得成功。

实用指南

德鲁克认为，中小企业创业初期，在平台和资源有限的情况下，不要与知名企业和大企业竞争，只有通过创新才能在市场竞争中获胜。纵观当代企业，只有不断创新，才能在竞争中处于主动，立于不败之地。许多企业之所以失败，就是因为他们做不到这一点。做创新不仅包括渠道创新，还包括战略创新。例如企业走向海外更大市场时，作为企业家要有战略的眼光和抗风险的能力，并且随时保持创新的意识。

悦读心得

德鲁克的这一思想对你有什么启示，请拿起笔，写下你的所感、所思、所得:

让企业创新产生成效

管理精粹

任何组织思考出来的创意，会远远多于真正派上用场的。

《成果管理》德鲁克

精彩阐释

企业每天都面临着各种新奇想法的诱惑，而这些想法中能够转化为创新的概率并不高。德鲁克认为，任何投入如果不能产生成果，那就不是成本，而是浪费。因此企业要千方百计促进创新产生成效。

作为卫星移动通讯业的开拓者，美国铱星公司曾耗资 50 亿美元，花费 12 年的时间用于技术创新，研究开发出了由 66 颗低地球轨道卫星组成的移动通讯网络。但是，从 1998 年 11 月 1 日投放市场以来，由于手机和服务费用昂贵等，该公司的客户极其稀少。按照创新成本计算，要实现赢利则至少需要有 65 万家用户。但一直到 1999 年 8 月初，该公司只有 2 万家用户。在无法按期偿还巨额债务的情况下，铱星公司于 1999 年 8 月 13 日被迫向法院申请破产保护。

造成铱星公司破产的重要原因不是因为技术水平不行，而是因为缺乏市场导向，忽视市场需求的变化，尤其是忽视了消费者的承受能力，致使创新毫无成效。另外，由于技术的突飞猛进，20 世纪 90 年代以来普通手机的价格和通话费用急剧下跌，严重高于同行服务价格的铱星公司毫无市场竞争力可言，摆在它面前的也仅剩下申请破产保护这一条路了。

由此可见，创新要想有成效，就不能忽视市场购买者的承受能力及其未来趋势。

有些所谓理性的管理者会对“创新要有成效”这种观点进行反驳，他们认为创新不可能是一件十拿九稳的事情，很大可能会遭受失败。创新不应太功利。但事实上，即使是失败的创新，也应该为促进创新的成功积累下宝贵的经验。

实用指南

德鲁克认为，除了以市场导向为首要原则之外，保证创新出成效的最好方法是确保创新简单，目的单一。创新只有简单，目的只有单一，才能快速达到创新目的，为企业创造价值。如果一项创新设计复杂，并承载多项期望，实践起来更有难度，增加企业的风险，最终可能会因为过于复杂而被半途而废。

悦读心得

德鲁克的这一思想对你有什么启示，请拿起笔，写下你的所感、所思、所得：

创新起点越低越容易成功

管理精粹

如果把创新的目标定位在掀起产业革命，大都不会成功。创新最好从小规模开始着手，只需要少量的资金、人员及狭小的市场。

《创新与企业家精神》德鲁克

精彩阐释

创新的起点越低越容易做得出色。这在芭比娃娃身上得到充分印证。

几十年来，芭比娃娃一直处于不断创新之中。现在，芭比娃娃已经形成为一个庞大的家族。芭比娃娃自推出以来，至今畅销不衰。据说美国的女孩子平均每人拥有 8 个芭比娃娃，法国的女孩子平均每人拥有 5 个芭比娃娃。

芭比娃娃在造型设计上采用了电脑设计，而且密切结合时代的发展、社会新闻与影视热，推出了极具有个性的众多造型人物。而且还不时推出芭比娃娃的“白马王子”、弟弟、妹妹、表妹、仆人等，当然更少不了芭比娃娃众多的服装及配套的生活用品，包括家具、餐具、卧具、汽车，甚至手表、耳环、化妆品等均应有尽有。如果把自 20 世纪 60 年代到 90 年代的芭比娃娃一一排列出来，还能反映出世界服装与发型的变化和潮流。

在购买芭比娃娃时，商店营业员会给你一个屁股上盖有“接生员”印章的芭比娃娃，并给你开具“出生证”。满一年时，商店还会寄来生日贺卡，并顺便告诉你芭比娃娃该添些什么“亲属”与服饰了。如果娃娃损坏了，则可去“芭比娃娃医院”，“医院”也画着红十字，悬挂着“安静”标牌，带着医护帽、大口罩的“医护人员”修好芭比娃娃后，还给你出示一份“出院证明”……

芭比娃娃的创新无处不在，但这些创新并不是需要动用大量资金或物力的大项目，它们只是一些细微环节的改动和完善。管理者在芭比娃娃的开发策划中充分体现出了创新构思、技术设计、外观设计与营销策划的有机统一，并且在任何环节的处理上都积极出色，因而具有旺盛的生命力。

芭比娃娃的长盛不衰告诉我们，企业要想获得创新成功，不是做过多少次创新，而是有多少次创新获得了市场认可。尤其是在哪几件事上做得连对手都觉得叹为观止。创新不是为了追求形式上的大，而是以成效为导向，从最容易出成就的小项目着手。只有“小”创新不断成功，“大”创新才会成功。

实用指南

创新从小处着手，让小变成大，让大变成强，这正是创新的真谛和目标。实践证明，一些所谓小的创新，常常能发挥出意想不到的大作用，解决企业最迫切需要解决的问题。强调创新要从小处着手，就是要纠正“小打小闹”不是创新的认识，树立小创新也能解决大问题的观念，推动创新与实际工作接轨，与工作中的每个细节接轨。强调创新从小处着手，有利于激发和调动广大基层员工参与创新的积极性，真正形成群众性创新的氛围，从而推动企业真正成长为创新型企业。

悦读心得

德鲁克的这一思想对你有什么启示，请拿起笔，写下你的所感、所思、所得:

创新要具备超前思维

管理精粹

从已经发生的改变到人们感受和接纳这种改变之间存在着时间差，创新就是要运用这种时间差。

《巨变时代的管理》德鲁克

精彩阐释

德鲁克说，超前思维是一种以将来可能出现的状况面对现实进行弹性调整的思维。它可以创造前景进行预测性思考，可以使我们调整现实事物的发展方向，从而帮助我们制定正确的计划和目标，并实施正确的决策。作为指导企业未来发展的企业管理者，必须要具有超前思维，只有这样才能走向成功。

第二次世界大战时期，美国有家规模不大的缝纫机工厂，由于战争影响，生意非常萧条。工厂厂主汤姆看到战时除了军火生意外，百业凋零，但是军火生意却与自己无缘。于是，他把目光转向未来市场，一番思索后他告诉儿子保罗："我们的缝纫机厂需要转产改行。"保罗奇怪地问他："改成什么？"汤姆说："改成生产残疾人使用的小轮椅。"

尽管当时很不理解，不过保罗还是遵照父亲的意思办了。一番设备改造后，工厂生产的一批批轮椅问世了。正如汤姆所预想的，很多在战争中受伤致残的人都纷纷前来购买轮椅。工厂生产的产品不但在美国本土热销，连许多外国人也来购买。

保罗看到工厂生产规模不断扩大，实力也越来越强，非常高兴。但是在满心欢喜之余，他不禁又向汤姆请教："战争马上就要结束了，如果继续大量生产轮椅，其需求量可能已经很少了。那么未来的几十年里，市场又会有什么需求呢？"

汤姆胸有成竹地笑了笑，反问儿子说："战争结束了，人们的想法是什么呢？""人们已经厌恶透了战争，大家都希望战后能过上安定美好的生活。"汤姆点点头，进一步指点儿子："那么，美好的生活靠什么呢？要靠健康的体魄。将来人们会把健康的体魄作为主要追求目标。因此，我们要准备生产健身器。"

一番改造后，生产轮椅的机械流水线被改造成了生产健身器的流水线。刚开始几年，工厂的销售情况并不好。这时老汤姆已经去世了，但保罗坚信父亲的超前思维，依旧继续生产健身器材。十几年的时间，健身器材开始大量走俏，不久就成为畅销货。当时美国只有保罗这一家健身器工厂。所以保罗根据市场需求，不断增加产品的产量和品种，随着企业规模的不断扩大，保罗跻身到了亿万富翁的行列。

由此可见，超前思维关乎事业兴衰成败。超前思维就是谋划久远。假如企业管理者对发展思路、目标都不明确，对发展趋势不敏感，不善于长远思考、规划未来，那么这样的企业就会从走弯路到走下坡路，又谈何成功创新?

实用指南

在德鲁克看来，在市场竞争浪潮汹涌澎湃的冲击下，仅仅靠完善昨天而没有超前的挑战性思维，是不可能获得明天的辉煌。企业要想有更好的发展，就必然要看清潮流，超前思考，确保自己创新决策的前瞻性。

悦读心得

德鲁克的这一思想对你有什么启示，请拿起笔，写下你的所感、所思、所得:

检验创新要看能否创造价值

管理精粹

创新的考验在于能否创造价值。

《21 世纪的管理挑战》德鲁克

精彩阐释

德鲁克认为，创新的考验也是对质量的考验，并不是“我们是否喜欢这个创新”，而是顾客“是否愿意花钱去购买这个创新”。这就要求管理者一定不要理想化。一个理想化的管理者往往会令企业的成长道路布满荆棘。

1987 年，留学海外的何鲁敏，谢绝了国外的高薪挽留，带着 9 箱技术资料回到国内。何鲁敏是一个纯粹的技术人员，他完全可以进入国家科技部门从事技术研发工作，但是他选择了创业。

那时候，中国年人均收入才 290 美元。何鲁敏却把创业的目光瞄准了空气加湿器。想都不用想，闭着眼睛都可以知道他的想法多么天真与理想主义，人们连温饱都尚有问题，哪还有钱买这种“奢侈品”？

加湿器、净化器这个产业在国外叫 IAQ，即室内空气品质行业。它的市场容量和人均国内生产总值呈正比例关系，一般人均国内生产总值在 4000 美元～ 5000 美元的时候，这个行业才会出现比较大的增长。

但是，当时对这些情况一无所知的何鲁敏带着一腔热血，头也不回地跳进了这个非常冷门的领域。很快，对做生意过于理想化的何鲁敏遭到了来自市场的当头棒喝。

创业之初，何鲁敏相信科学技术是第一生产力，一个企业中没有比技术更有用、更值钱的东西了。后来他发现不完全是这样的，技术先进，并不是一个企业成功的先决条件。当公司做市场调查时，才发现最先进的东西消费者未必接受，消费者接受的东西未必是最先进的。

好在抗挫折力极强的何鲁敏一路坚持，取得了成功。如今，亚都不仅坐稳了国内同行业老大的位置，也成为 2008 年北京奥运会的空气质量独家供应商。

回忆起年轻时的创业经历，他忍不住感叹：“太前瞻了不一定是好事，可能会遇到许多倒霉事。但好在亚都不断地遇到倒霉事，也不断地遇到机会，最终还是伴随着中国的国内生产总值一起成长起来了。”

显然，成长过程就是不断将目标褪去理想色彩的过程。是否与市场需求匹配，是衡量创新是否具有价值的重要标准。只有将创新与市场需求完美对接起来，创新才可能实现，事业才可能获得发展。

实用指南

德鲁克认为，市场并不会听命于既有权威。在成熟健全的市场里，顾客才是真正的上帝。只有倾听市场呼声、善于创新的企业才能昌盛。企业家如果对市场需求没有清醒的认识，那么创新很可能还没成形便已夭折。

悦读心得

德鲁克的这一思想对你有什么启示，请拿起笔，写下你的所感、所思、所得：

推陈才能出新

管理精粹

推陈才能出新，这是放诸四海皆准的原则。

《卓有成效的管理者》德鲁克

精彩阐释

《孙子兵法》中说："战势不过奇正，奇正之变，不可胜穷也。奇正相生，如循环之无端，孰能穷之？"意思是说："在战争中，没有一成不变的打法，也没有千篇一律的战术。只有随机应变、出奇制胜，才能战胜对方。"孙子就此提出了奇正的战术，"奇正之变，不可胜穷"。奇正相互依托，又相互转变，在相生相辅中创造战机，使军事行动天衣无缝，浑然一体。不仅能有效地防御，而且还能出其不意地进攻，让敌人措手不及、防不胜防。在这个竞争激烈而又现实的世界，只有不断创新，成功才会降临到我们的身上。如果你一直守成不变，那你就永远也不可能成功。

20世纪70年代，生产"美的思"妇女透明丝袜的公司，在美国广播公司的晚间节目中，推出了一条轰动全国的广告。

一开头，就是一双线条优美、穿着长筒丝袜的腿。这时，响起了一个女性动人的画外音："我们将向所有的美国妇女证明，'美的思'牌长筒丝袜可使任何形状的腿都变得非常美丽。”

镜头慢慢地往上移，观众想象着模特一定是一个美丽动人的少女，或是哪位光彩照人的女明星。但镜头中慢慢出现了蓝色的运动短裤、棒球运动员汗衫。最后，观众才看到，这个穿着妇女长筒丝袜的竟然是著名的棒球明星乔·拉密士！他笑眯眯地向观众致意，对惊讶不已的观众说："我并不穿长筒丝袜，但我想，'美的思'长筒丝袜能使我的腿变得如此美妙，相信它一定能使你的腿变得更加美丽。"

这个广告一播出，"美的思"丝袜一夜之间家喻户晓，随后销量陡然上升，乔·拉密士也由棒球明星摇身一变，成了全美著名的男模特。

任何一家企业要想迅速在竞争中脱颖而出，那就要敢于求新、立新、创新，而不是囿于经验、囿于成见、囿于世故。

石油大王洛克菲勒有句名言："如果你想成功，你应辟出新路，而不要沿着过去成功的老路走……即使你们把我身上的衣服剥得精光，一个子儿也不剩，然后把我扔在撒哈拉沙漠的中心地带，但只要有两个条件给我一点时间，并且让一支商队从我身边经过，那要不了多久，我就会成为一个新的亿万富翁。"

实用指南

当今社会，市场形势千变万化，精明的经营者不会固守一种经营模式。而是善于察觉市场微妙的变化，紧紧抓住市场机遇，及时采取不同的经营策略。在瞬息万变的市场中，只有"奇正相生"才能使企业保持生机和活力。

悦读心得

德鲁克的这一思想对你有什么启示，请拿起笔，写下你的所感、所思、所得：

意外成功是重要的创新机会

管理精粹

在提供成功创新机会的来源中，没有比意外成功所提供的机会更多了。

《创新与企业家精神》德鲁克

精彩阐释

很多管理者经常这样认为：如果没有确定的目标，不要开始做任何事情。因为工作目标不明确，你只能是效率低下地浪费时间。这种说法有它合理的一面，但是更有它不合理的一面：创新，其实更需要意外成功。德鲁克认为，有些创新机会总是出现在我们预见之外的惊喜之中。

一家铁路公司要新建一条穿过山脉的子弹式高速列车轨道。新的列车轨道需要修很多隧道，在穿越山的隧道中，必须要排出地下水，铁路公司的工程师制订了一个排水计划。在隧道内，建筑工人们发现这些水不但可以饮用，而且味道清爽甘甜。一位负责检查隧道设备安全的维修工人向总公司建议，应该充分利用这些水，而不应该把它白白浪费。

公司非常重视这位工人的建议，并派人对这些水进行检验。发现该区域的水，经由山上不同寻常的地质层缓慢渗滤出来，含有丰富的矿物质，对人体极有好处。

于是，公司决定将这种水灌装成瓶，作为珍稀矿泉水销售。很快，这种水就出现在市面上，并且迅速畅销。为此，铁路公司在将近1000个站台都引进了自动售水机。一家铁路的子公司现在提供这种瓶装水的相关服务，而且还开发了果汁、冰茶、热茶以及咖啡等新产品。1994年，饮料的销售额是4700万美元。

意外的创新往往使我们跳出先入之见，以及我们事先预料不到的事情。正如德鲁克所强调的，意外创新所带来的创新的机遇风险最小，求索的过程也最轻松。对铁路公司而言，要排除地下水，既花钱又费事，然而一名员工一个小小的建议，竟然使这家公司增加了一个新的利益增长点。

19 世纪初期，美国农民没有足够的钱购买农机具。为了出手收割机，一个叫作麦克柯密克的生产商同意农民分期付款。令他自己都没想到的是，这个随意的想法居然开创了分期付款方式。这种付款方式使农民以未来收入来购买收割机，大大提高了农民的购买能力，而麦克柯密克也因此获得了丰厚的利益。

由此可见，意外成功是一种重要的创新机会的来源，当机遇闪现和来临的时候，应该不失时机地、主动地捕捉它和驾驭它，积极为企业创新赢得绝佳良机。管理者应当领悟和运用“意外的成功”来促进创新。

实用指南

德鲁克认为，偶然性的意外事件包括意外的成功、意外的失败、意外的机遇和意外的风险。管理者应该善于从偶然的事件中读出创新的信息，充分注意到偶然性带来的创新机遇。只有关注偶然性，才能抓住机遇，开拓新的成功领域，获得新的成功。

悦读心得

德鲁克的这一思想对你有什么启示，请拿起笔，写下你的所感、所思、所得:

第六篇

靠团队精神达成目标

第一章

管理是一种人文艺术

员工的人性应得以升华

管理精粹

管理者要能够确保组织在追求经济绩效的同时，员工的人性也得到升华，这是一个崇高的目标。

《经济人的终结》德鲁克

精彩阐释

德鲁克认为，人是一切管理活动的中心，管理能否围绕“人性”展开，是评价管理成效的重要尺度。

古人云：“聚人而成家，聚家而成国。”没有比员工对企业充满信心和爱更重要的事情。作为管理者，要善于和员工“以心换心”，只有你爱护帮助员工，员工才能衷心地热爱企业。

澳柯玛集团公司就特别注重管理中的人性化因素。从为职工解决住房、进行技术培训、开展困难救助到改善工作环境、开通班车，凡是职工在工作、学习、生活中有要求的，公司都努力去做到。

公司在细微之处体现出的人情味特别让人感动。从1995年以来，澳柯玛共拿出了1.7亿元来解决职工住房问题。公司职工中农民工大约占到一半以上。公司不仅在各项待遇上对农民工和城镇职工一视同仁，还通过学习技术培训和业务培训等，尽快提高农民工的素质和技能，并对有能力的农民工委以重任。一位在公司担任部门经理的农民工说："我的所有本领都是来到公司后学习的。"

这种人性化管理用柔性将人才深深融入到企业中，打造了忠诚员工。忠诚员工则成就了企业的高速发展。在工业社会，主要财富来源于资产，而知识经济时代的主要财富来源于知识。要让员工自觉、自愿地将自己的知识、思想奉献给企业，实现知识共享，只能通过人性化管理来完成。

在当今社会，新经济要求根据员工的能力、特长、兴趣、心理状况等综合情况来科学地安排最适合的工作，并且充分地考虑到员工的成长和需要，使员工能够在工作中充分发挥积极性、主动性和创造性，从而不断创造优异的工作业绩，为达到企业目标做出最大的贡献。

人性化管理使管理对象得到了尊重，满足了自我实现这种高层次的心理需要。以人为本是管理制度的核心思想和根本方向。只有建立以人为本的管理制度，才能使企业与员工共同发展。

实用指南

每个企业面临的最严重的问题就是人的问题。员工是企业最重要、最富有创造力的"资源"，他们的贡献维系着企业的成败。那么，如何尊重员工呢？这里给大家提几点建议：

不要对员工颐指气使。

礼貌用语多多益善。当你将一项工作计划交给员工时，请不要用发号施令的口气。真诚恳切的口吻才是你的上上之选。

要感谢员工的建议。当你倾听员工的建议时，要专心致志，确定你真的了解他们在说什么。

对待员工要一视同仁。在管理中不要被个人感情和其他关系所左右；

不要在一个员工面前，把他与另一个员工相比较；也不要在分配任务和利益时有远近亲疏之分。

聆听员工的心声。在日常工作中，注意聆听员工的心声是尊重员工、团结员工、调动员工工作积极性最有效的方法。

悦读心得

德鲁克的这一思想对你有什么启示，请拿起笔，写下你的所感、所思、所得：

自主性与责任感缺一不可

管理精粹

相比起普通员工，知识型员工更要明确自己的工作任务和成效，他们更需要具备工作的自主性，更需要知道“我的工作是什么，如何开展”，以及“怎样才能使我的工作更加有效”等问题。

《知识型员工的生产率》德鲁克

精彩阐释

德鲁克认为，无论何种工作，员工的自主性与责任感都是不可或缺的，对于知识型的员工的工作更是如此。

李洁在一家大型建筑公司任设计师，常常要跑工地，看现场，还要为不同的老板修改工程细节，异常辛苦。但她仍主动地去做，毫无怨言。

虽然她是设计部唯一一名女性，但她从不因此逃避重体力工作。该爬楼梯时就爬楼梯，该到野外就勇往直前。她从不感到委屈，反而挺自豪。

有一次，老板安排她为一名客户做一个可行性的设计方案，时间只有三天。这是一件原本难以做好的事情。接到任务后，李洁看完现场，就开始工作了。三天时间里，她都在一种异常兴奋的状态下度过。她食不甘味，寝不安枕，满脑子都想着如何把这个方案弄好。她到处查资料，虚心向别人请教。

三天后，她带着布满血丝的眼睛把设计方案交给了老板，得到了老板的肯定。因做事积极主动、工作认真，老板不但提升了她，还将她的薪水翻了三倍。

后来，老板告诉她："我知道给你的时间很紧，但我们必须尽快把设计方案做出来。如果当初你不主动去完成这个工作，我可能会把你辞掉。你表现得非常出色，我最欣赏你这种工作认真、积极主动的人！"

如果只有在别人注意下才有好表现，表面上看起来很聪明，实际上是一种愚蠢的自欺行为。骗得了一时骗不了一世。职场中人，需要在工作中不断地实践，提升自己的能力，为自己创造斐然的战绩。如果做到对自己的要求比老板对我们的要求更高，这样的人永远不会被老板解雇，也永远不用担心报偿。

另外，知识型员工还要具有高度的责任感，无论你从事什么样的工作，只要你能认真地、勇敢地担负起责任，你所做的就是有价值的，你就会获得尊重和敬意。有的责任担当起来很难，有的很容易。难易程度，不在于工作的类别，而在于做事的人。只要你想、你愿意，你就会做得很好。

美国独立企业联盟主席杰克·法里斯曾对人说起少年时的一段经历。

在杰克·法里斯 13 岁时，他开始在他父母的加油站工作。那个加油站里有 3 个加油泵、2 条修车地沟和 1 间打蜡房。法里斯想学修车，但他父亲让他在前台接待顾客。

当有汽车开进来时，法里斯必须在车子停稳前就站到车门前，然后检查油量、蓄电池、传动带、胶皮管和水箱。法里斯注意到，如果他干得好的话，顾客大多还会再来。于是，法里斯总是多干一些，帮助顾客擦去车身、挡风玻璃和车灯上的污渍。

有段时间，每周都有一位老太太开着她的车来清洗和打蜡，这个车的车内地板凹陷极深，很难打扫。而且，这位老太太极难打交道，每次当法里斯帮她把车准备好时，她都要再仔细检查一遍，让法里斯重新打扫，直到清除完每一缕棉绒和灰尘，她才满意。

终于，有一次，法里斯实在忍受不了了，他不愿意再伺候她了。法里斯回忆道，他的父亲告诫他说："孩子，记住，这就是你的工作！不管顾客说什么或做什么，你都要做好你的工作，并以应有的礼貌去对待顾客。"

父亲的话让法里斯深受震动，法里斯说道："正是在加油站的工作使我学习到了严格的职业道德和应该如何对待顾客，这些东西在我以后的职业生涯中起到了非常重要的作用。"

责任是我们行动的重要原则之一。既然从事了一种职业，选择了一个岗位，就必须接受它的全部。就算是屈辱和责骂，这也是工作的一部分，而不是仅仅只享受工作给你带来的益处和快乐。

面对你的职业、你的工作岗位，请时刻记住，这就是你的工作，不要忘记你的责任。工作呼唤责任，工作意味着责任。

实用指南

知识型员工应该比一般员工具有更高的个人素养和业务能力。所以，不要按一般员工的标准要求自己。经常给自己定下工作目标，并努力给上司交上满意的答案。

悦读心得

德鲁克的这一思想对你有什么启示，请拿起笔，写下你的所感、所思、所得：

人是最终的管理核心与归宿

管理精粹

每一个企业员工都是具有完整人格的人，而非机器上的零件。对人的重视不仅是手段，更是目的，所以必须尊重人、关心人，并致力于发挥每个人的优势和能力。

《知识型员工的生产率》德鲁克

精彩阐释

德鲁克认为，从一定意义上说，“管理的宗旨就是最大限度地发挥人的能力”。管理者的职责在于激励人，而不是控制人。

全球最为著名的手机制造商摩托罗拉就是一家深刻领悟“以人为本”内涵的企业。

比如在裁员方面，他们天才般地创造了有情裁员制度，将裁员变成一个协商的过程，尽可能对员工做到尽心尽力的照顾，直至员工找到下一份工作。这个制度保证了包括离开摩托罗拉公司的任何员工对公司不仅没有任何怨言，而且心存感激。

他们裁员的步骤是：首先将员工召集起来，告诉大家需要裁员几个人，每个部门有几个人离职，让所有员工都明白整个过程。人力资源部门会和被辞退员工进行单独沟通，向员工说明职位削减、工作交接的原因，并推荐员工到公司的其他部门去。公司还会为员工开设一些培训课程，指导被裁员的员工去寻找新的工作。正是凭借这样人性化的做法，摩托罗拉的员工感受了极大的激励，和企业建立起了亲密的关系，也为摩托罗拉建立起了长远的人力资源储备，从而实现了管理者和员工之间的完美和谐。

一个和谐的企业必须达到企业管理公平透明、内部制度科学合理、组织运作协调高效、各项流程高度健全、执行坚强有力。只有这样，企业的内部运作和控制体系才能够发挥积极的作用，企业才能充满生机与活力。

在惠普公司，对人的重视是管理中最重要的一个方面。

惠普采用了开放式的管理。惠普成立 18 年以来，公司都没有设立专门的人力资源部门，为的是管理者和员工之间保持高度的亲密接触和频繁的互动联系。直到1957年，惠普才成立了人事管理处。但是惠普的创建者比尔·休利特为它慎重地确定了角色和职能人事管理处是只用来支持管理工作，而不是取代。

惠普公司包括首席执行官在内，没有一间办公室是装有门的。在公司里，所有的人都以名字相称，而不是称呼职位。公司鼓励员工用最简单明了的方式进行沟通和交流。员工不管遇到何种问题，都可以找到管理者交换意见。公司的实验室备品库是开放式的，工程师不仅可以在工作中随意使用这些备品，甚至可以把它们拿到家里去供私人使用。在这样的充分信任下，所有的员工都把公司当成大家共同的家。

更为业界所津津乐道的是，1976年惠普在波布林根工厂实行了弹性工作制。惠普人事政策的主要原则是利益分享，公司里没有时间表，不进行考勤。现在，这样的工作方法已经在惠普的大部分工作岗位上广泛使用。员工和管理者一起分担制定和达到目标的任务，并且通过股票购买计划分享公司所有权、分享利润、分享个人与专业发展的机会，甚至分担因营业额下降所引起的困扰。

显然，惠普领导者所做的一切都是在贯彻“以人为本”的管理理念。在这样的管理方式下，企业对员工充分信任，和员工以合作伙伴的关系共同发展。所以，员工也以同样的信任回报了企业，和企业同甘苦共患难。在利益一致的基础上，企业和员工的利益都在同步提高，从而达到了双赢的目的。总之，“以人为本”的管理能够在员工和管理者之间建立良好的合作伙伴关系，它使企业和员工成为一个利益共同体，从而实现企业和员工双赢的目的。

实用指南

在管理界，“以人为本”是一个非常时髦的词汇，已成为各个行业、各个领域努力的方向。但在企业的管理的实践中，要真正落实“以人为本”的内涵，发挥和体现“以人为本”管理理念，却是一个艰巨的工程。

悦读心得

德鲁克的这一思想对你有什么启示，请拿起笔，写下你的所感、所思、所得：

管理是一种人文艺术

管理精粹

管理是一种传统意义上的人文艺术。

《新现实》德鲁克

精彩阐释

很多人对管理的认识非常肤浅，流行的管理观点有两种：一种认为管理是上层人的事，好像管理只和老板有关；另一种则认为管理就是指挥别人工作。第一种观点其实只告诉我们谁属于管理层，而并没有说明管理是什么。管理不仅仅是老板的事，随着现代管理的深入发展，投资者和管理层在逐渐分离。企业一旦建立，那就不仅仅属于投资者，而是属于社会。第二种观点只看到了现象，并没有认识到管理的实质。管理是个互动的过程，管理是“人”的工作，管理的使命是为了实现企业的使命和宗旨。

德鲁克认为，管理是一门艺术。因为管理是以人为中心的，是一种社会性的活动。管理与人的价值观、人的成长和人的发展密切联系，所以管理是人性化的活动。他强调，管理是一种传统意义上的人文艺术。“人文”，在于它涉及知识、自我认知、智慧和领导艺术等基本要素；“艺术”，在于管理是一门实践性很强的科学。

作为管理者，应该能够做到从心理学、哲学、经济学以及自然科学等一切人文和社会科学中汲取营养，掌握管理的基本原则，实施人性化管理。

在德鲁克看来，管理不但是一门艺术，而且是一门宽泛的艺术。管理是管理者和管理对象之间的一种交流，管理者的精神面貌、气质乃至处世的方式等都会对管理对象产生影响。同样，管理双方能够进行互动，就需要在知识层次、价值观、自觉性、处世的经验等各个方面产生一种平衡。

有一天晚上，一家知名企业董事长按照惯例走进职工餐厅与职工一起就餐、聊天。他多年来一直保持着这个习惯，以培养员工的合作意识和他们的良好关系。

这天，董事长发现一位年轻职工郁郁寡欢，闷头吃饭。于是，董事长就主动坐在这名员工对面，与他攀谈。几杯酒下肚之后，这位员工终于敞开了心扉："我毕业于东京大学，有一份待遇十分优厚的工作。进入公司之前，我对公司崇拜得发狂。当时，我认为进入公司，是我一生的最佳选择。但是，现在才发现，我不是在为公司工作，而是在为上司干活。坦率地说，我这位上司是个无能之辈，更可悲的是，我所有的行动与建议都要由上司批准。我自己的一些小发明与改进，在上司眼里却成了'癞蛤蟆想吃天鹅肉'。我十分泄气，心灰意冷。我居然放弃了那份优厚的工作来这种地方！"

这番话令董事长十分震惊，他想，类似的问题在公司内部员工中恐怕不少。管理者应该关心他们的苦恼，了解他们的处境，不能堵塞他们的上进之路，于是产生了改革人事管理制度的想法。董事长立即着手处理这件事情。不久后，公司开始每周出版一次内部小报，刊登公司各部门的"求人广告"，员工可以自由而秘密地前去应聘，他们的上司无权阻止。

另外，公司原则上每隔两年就为员工调换一次工作，特别是对于那些精力旺盛、干劲十足的人才，不是让他们被动地等待工作，而是主动给他们施展才能的机会。在公司实行内部招聘制度以后，有能力的人才大多能找到自己中意的岗位，而且人力资源部门可以很容易地发现那些"流出"人才的上司所存在的问题。

作为管理者，必须掌握各种心理知识，充分激发人的主观能动性，使管理对象能充分开掘自己的潜能并且乐于工作。但是德鲁克同时也强调，管理所需要的那些知识必须集中到管理的成效上去，不能为了艺术而艺术。

对企业而言，管理是为了有更好的成效，如果不能提供更好的产品或者服务，那么这种艺术便没有任何意义。所以，有效的管理艺术才叫作艺术。在管理的艺术性上面，偏刚或者偏柔都是不可取的，要根据管理中的实际情况进行调整。

实用指南

管理者需要认识到，管理应该是以人为要，并为人而服务的。所以，你要考虑怎样运用艺术性的手段营造良好的氛围，调动员工的积极性，使员工能乐于工作。

悦读心得

德鲁克的这一思想对你有什么启示，请拿起笔，写下你的所感、所思、所得：

第二章

个人与企业的价值观必须兼容

预先建立经营团队

管理精粹

要让经营团队的成员彼此了解、相互信任，大概需要三年的时间。因此，进入成长阶段的企业，必须预先为建立经营团队做好准备。

《卓有成效的管理者》德鲁克

精彩阐释

很多企业自创业萌芽到成形一直都比较顺利，但是往往到成长阶段迟迟不能突破，这是企业发展的一个瓶颈。德鲁克分析这个问题时认为，之所以会出现这种情况，主要是因为企业在管理上存在缺陷，套用以前的管理方式与经营体制已经无法使企业快速成长。

此时最实用的解决办法就是将企业的“一人管理”转换为“组织管理”。换句话，也就是组建自己的智囊团。如果不这样做，企业的经营就会大受挫折，从而错失最佳的时机，严重的会危及到企业未来的命运。

决策中的智囊团，也称之为外脑系统、头脑公司、思想库，等等，是专门为管理者提供决策服务的比较高层次和专业性的咨询机构。在这种组织中，集中了不同专业的自然科学家，社会科学家和其余各个方面的专家或专业人才。他们在各自的专业领域中有自己的专长甚至在年龄上也有自己的特点，他们组成一个庞大的综合知识库，为管理者出谋划策。

美国克莱斯勒汽车公司总裁艾柯卡所创造的神话般的经济奇迹，就曾得益于智囊团的大力相助。克莱斯勒汽车公司在艾柯卡上台之前，由于没有抵挡住世界石油危机带来的冲击，照样生产耗油量大的大型汽车，结果在 1979 年 9 个月中亏损 7 亿美元，打破了美国有史以来的高纪录。

艾柯卡上台以后，大胆转型生产哈尔·斯珀利奇领导的公司咨询组设计的 K 型车，并从 K 型车的基础上推出了一系列众多车型的车辆，重新打开了市场。经过 3 年的努力，艾柯卡不仅挽救和重建了克莱斯勒这家朝不保夕的公司，而且，1984 年该公司赢利 2.4 亿美元，提前偿还了 12 亿美元的政府贷款。其股票从 1981 年的每股 3 美元上升到 1984 年的每股 30.75 美元。

面对激烈的竞争，管理者如果从单一的或纯粹经验的专业方向出发，采取独裁的决策方式都是无效的，必须着力于建立智囊班子及智囊机构辅助自己的决策。

其次，智囊团的工作是根据管理者的目标要求而进行的。从智囊团本身来说，智囊团是有其自身的内在规律与工作程序的。并有自己一套行之有效的方法。就其工作程序来讲，可分三步进行。

首先，接受决策咨询任务，组建智囊团班子。智囊团的工作一般都是围绕着管理者提出的研究任务进行的，主要是了解管理者的意图和目标，全面掌握管理者提出该问题的背景和关键环节，明确研究问题的目标；智囊团应根据问题的性质和所要研究的专题内容，选用、配备专业人员，组成智囊班子，并有人专门负责。

其次，智囊团应该在接受咨询任务之后，展开初步工作，进行初步调查，并根据初步调查情况制订工作计划。

全面进行调查研究，设计决策的评估方案。调查工作计划确定之后，智囊班子即可按计划对所要研究的问题进行全面、深入的调查，收集数据、资料。有数据资料库的，可先检索有关摘要，然后根据需要检索原文再了解问题情况。如果展开市场调查，就必须深入到市场中去，了解与研究项目相关的信息，诸如价格、质量、产地、性能等，从而才能够对领导人提出的问题和有关指标体系进行分析、对比、研究，进而制定各种方案，并对各方案进行分析和评估。

最后，多方征求意见，提出决策参考方案。在对各种方案进行分析评估基础上，经过反复论证，提出一个初步的研究方案，并召集有关人员，听取他们对该研究方案的意见和反应，有可能的话还可以与管理者进行思想沟通，听取管理者的初步意见。然后，智囊团再根据各方面的意见和反应作相应的指正和调整，力求整个决策方案能够充分符合管理者的要求和实际情况。最后，大家再集思广益，内部再进行反复的讨论与磋商，最终形成一个可行的决策参考方案，送呈管理者，供其决策参考。

当然，智囊团作为管理者的“外脑”，为管理者提供决策参考，他们的职能和任务仅在于研究管理者提出的问题，为管理者提供各种可供选择的方案，管理者则从中选优决断。决断是管理者的职能，也是整个决策过程的最后结果。那么，管理者应该如何对智囊团提供的决策参考方案进行择优决策呢？这其实是管理者如何运用智囊团作正确决策的问题。

管理者在听取智囊意见时，经常的情况是大家的意见大相径庭，这就要求管理者找出他们的共同点。首先，要求管理者对各种方案虚心听取，不作任何判断，并在各种方案的不同点中找出共同点来。接着，处理、分析不同意见，使他们趋于一致，汇集成为一个新的方案。这种求同存异的方法有几种技巧可用：

冷却法。即让争论双方暂时平息争论，冷静下来进行反思，隔一段时间后再组织起来加以讨论。这样能够使大家有一个清醒的认识，反复权衡，选择出最优方案。

利弊分析法。由于各种方案迥异，管理者可引导大家对各种方案进行利弊分析，促使各方以利补弊，弃弊趋利，互相取长补短，达成共识。

边际分析法。这种方法是增加决策智囊人员，看他们对不同意见的看法，如果新增人员较多地趋于一种方案，则该方案较优。

总之，管理者既要充分发挥智囊作用，又要自己具有最终决策的独立性；既要科学地运用智囊团的参考方案，又要保证自己决策的有效性。在竞争激烈的当今，管理者应该充分发挥智囊团的作用，灵活、有效地运用智囊团，从而使自己的决策处于合理的构架之中，并在实践中立于不败之地。

实用指南

一般企业在创业之初，大多是以经营者的主观愿望为核心进行管理的，这时的组织还没有完全定型。企业在这个阶段灵活性很强。然而等成长到一定的阶段，就会遭遇到一个瓶颈而停滞下来。

原因主要是，依靠创业者个人魅力所建立起来的管理，已经不能掌控整个局面，组织内部的协调能力也不能满足企业逐渐扩大的规模。为了解决这一问题，我们必须考虑如何建立一个真正的经营管理队伍，以促进企业的经营继续扩展。

悦读心得

德鲁克的这一思想对你有什么启示，请拿起笔，写下你的所感、所思、所得：

让更少的员工制造出更多的产品

管理精粹

制造领域的新理念要比信息和自动化更为重要，如何让更少的员工制造出更多的产品是未来工业的必然趋势。

《卓有成效的管理者》德鲁克

精彩阐释

德鲁克认为，生产率是衡量企业效益的重要参考指标。生产率意味着企业对资源利用效率的高低，是企业产出的重要指标。生产率虽然不是企业发展的核心因素，却是起关键作用的因素。20 世纪初所形成的以泰勒等人为代表的古典管理理论，其中心问题就是提高劳动生产率。泰勒等人倡导的科学管理，以提高劳动生产率为目标，在操作规程、工作定额、差别工资制度、职能分工、管理原则等方面，进行了一系列探索，开创了科学管理的新时代。

企业的管理者要想方设法提高企业生产率，要结合企业的实际，尽可能地降低成本、增加效益。

现在大多数企业都接受“缩短工作时间”这一管理理念。所谓缩短工作时间，就是让员工在有限的时间内生产尽可能多的产品。这种生产方法注重生产效率，不以延长时间来增加产品产量，而以一种竞争和激励机制来调动员工的生产积极性。

一家公司推行“缩短工作时间”这一理念，其推出的目的就是为了提高单位时间的生产率。该公司从创立之日起，就采用两班制，每班工作 12 小时。轮到夜班者，每到深夜三四点时，就有人打瞌睡，而且工作效率极其低下。公司为了防患于未然，严格规定瞌睡者要记大过一次，三次就得开除。

虽然制度严格，但睡者照睡。甚至发现平常表现良好的员工，有一夜被发现连打瞌睡三次的情形，总经理为此事非常担心。

经过深入的调查研究后发现，每班工作 12 小时，日班尚可忍耐，夜班则疲惫不堪，到了深夜三四点，虽明知打瞌睡会被重罚，但总是心有余而力不足，一坐下就打瞌睡。

为了解决因体力不支而不得不打瞌睡的问题，公司制订出一套对劳资双方均有利的方法：把现有人员，由两班制改为三班制；每班工作时间由 12 小时改为 8 小时，缩短 4 小时的工作时间；虽然缩短工时，但员工每月的收入不变。

三班制的工作方式大受员工欢迎，工作更加卖力。

由于工作时间缩短，工作的动力增强，打瞌睡的现象没有了，公司的生产效率也大为提高，总生产量较实施三班制之前提高了 20%，劳资双方通过这一方法实现了双赢。

提高生产率是企业获得利益、长足发展的法宝。管理者重视提高劳动生产率无可厚非，但管理者要从企业实际出发，从员工的需要出发，尽可能地激发他们的工作动力。也就是说，企业提高生产率要更多地从人性出发，更多地将之转变为一种激励机制。效率都是人创造的，所以提高效率就必须以人性为基点。

实用指南

如果你的员工工作可以量化，你有没有计算过每个员工的产值增长率？和你的理想差距大吗？想想问题出在何处，设法改变这种不理想的状况。

悦读心得

德鲁克的这一思想对你有什么启示，请拿起笔，写下你的所感、所思、所得：

了解你的团队成员

管理精粹

与了解自己的优点、工作风格和价值观一样，了解身边人的这些特征也是非常重要的。

《21 世纪的管理挑战》德鲁克

精彩阐释

德鲁克认为，企业的总体目标是由一个个团员完成的。团队的成员之间往往存在着巨大的差异，但是这并不重要，重要的是每一个成员是否都发挥了自己的优势。只有每个成员都发挥出了自己的优势，团队才有可能更加完美地发挥自己的水平。

在狼群中，总会有老、幼、强、弱等个体上的差别，但一到团队围猎时，每一个个体都会贡献自己的力量。那些老弱的就做掩护，强者负责进攻，团队成员都各尽所能，各司其职。可以说，狼群是一个完美的互补型团队。

狼群围猎向我们展示的是一个完美的团队合作的案例，管理也是如此：管理者应该关注的不是某个人的力量，而是团队的综合实力。在一个团队中，每个人都有他的长处。作为管理者，如果你能很好地掌握他们的特点和优势，把他们放到最能发挥其作用的位置上。你就会发现，你得到了一个完美的“互补型”团队。并且，你的工作变得卓有成效，你的员工对你尊重并拥护。

那么如何才能铸就一个成功的互补型团队呢？唐僧团队西天取经的经历为我们提供了最好的范例。

关于唐僧团队的精妙所在，阿里巴巴的总裁马云总结得最为深刻。他曾说：

“唐僧团队是我最欣赏的，唐僧团队唐僧这个人不是很能讲话，也不像个领导的样子，但是他很懂得领导这个团队。这个团队到西天取经，这么多天没有散掉就是好领导，唐僧是一个好领导。他知道孙悟空要管紧，所以要会念紧箍咒；猪八戒小毛病多，但不会犯大错，偶尔批评批评就可以；沙僧则需要经常鼓励一番。这样，一个明星团队就成形了。

“孙悟空武功高强，品德也不错，但唯一遗憾的是脾气暴躁，单位有这样的人。猪八戒有些狡猾，没有他生活少了很多的情趣，这样的人单位里也不少。沙和尚更多了，他不讲人生观、价值观等形而上的东西，‘这是我的工作’，半小时干完了活就去睡觉，这样的人单位里面也有很多。就是这样四个人，千辛万苦，取得了真经。这种团队是最好的团队。这样的企业才会成功。”

在马云看来，一个团队里不可能全是孙悟空，也不能都是猪八戒，更不能都是沙僧。“要是公司里的员工都像我这么能说，而且光说不干活，会非常可怕。我不懂电脑，销售也不在行，但是公司里有人懂就行了”。

那如何建立互补性团队呢？我们或许可以从分析唐僧团队的过程中获得一些启示：

首先，唐僧团队是以结果为导向的团队。唐僧团队所有的活动都追求最终结果，正是由于彼此合作，才能达到目标。

其次，唐僧团队的团队目标十分明确取经。从某种意义上说，这个团队基本上是一个制度化的团队，虽然制度不是很完善，但能基本保证团队目标的达成。孙悟空是人才，虽好出格，金箍把他管束住了；猪八戒难成大事，只要让孙悟空管束住他就行了；沙僧老实，自我管理就行。这种制度体系严重压制创新意识，但是对于取经这样一个特定的任务而言，反而是一种比较好的选择。

再次，唐僧团队的人才搭配非常合理：唐僧没什么本事，但能把握大局，而且目标明确，坚定执着；孙悟空忠心耿耿，能征善战，适合打头阵；八戒看似一无是处，但能调节气氛，这种人也不可少，关键时候也能搭把手；沙僧老实巴交，最适合搞基础工作。

最后，唐僧团队非常重视利用社会资源、人际网络，充分调动团队成员的人际关系网络，为团队发展扫清了障碍。

实用指南

团队成员之间存在差异并不重要，重要的是了解到每个成员的个性，然后建立一个互补型的团队，争取让每一个成员都充分地发挥自己的优势。

悦读心得

德鲁克的这一思想对你有什么启示，请拿起笔，写下你的所感、所思、所得：

用团队精神取代个人英雄主义

管理精粹

管理意味着用思想代替体力，用知识代替惯例和迷信，用合作代替强力。

《管理：任务、责任、实践》德鲁克

精彩阐释

德鲁克认为，衡量一个企业是否有竞争力，是否能够永续发展，其决定因素不是理念有多先进、资金有多雄厚、技术有多过硬，而是企业是否有团队合作精神，尤其是企业的员工是否具有合作意识。

“万家乐，乐万家”的广告语曾经响彻中国大地，空调行业对拥有热水器行业龙头品牌背景的万家乐空调寄予了厚望，期望万家乐带领民族企业在国际市场上创造奇迹。在万家乐空调2002年3月15日产品上市之后，广大的经销商就投入销售万家乐空调的队伍中。然而，好景不长。万家乐空调在国内空调市场上销售了一年多之后，于2003年年底爆出被珠海市中级人民法院查封的消息。

一颗冉冉升起的品牌瞬间陨落。万家乐的失败就是典型的因为个人英雄主义主导团队而引起的失败。万家乐空调老板陈雪峰是个典型的具有“个人英雄主义和独裁治理”特征的人。陈雪峰希望自己能够成就一番伟业，因此他独断专行，不纳谏言。在公司战略上以卵击石，以微薄之力进军大家电；在公司内部治理上，陈雪峰自高自大，从来都听不进业内资深员工的忠告，动辄对员工大发脾气；在人员使用上，陈雪峰也是凭着自己的好恶任意任免高级管理人员。由此带来的影响是，万家乐空调的品牌负责人换了一任又一任。公司的企业文化不成体系，缺乏企业精神和足够的凝聚力，导致中下层员工缺乏归属感，结果公司上下人心涣散，最终落得失败的下场。

现代企业就好比一条正在参加比赛的龙舟，船上的每个人都是决定比赛胜负的关键力量。大家划船的劲能不能使到一处，能否与企业保持步调一致，将是企业能否稳步快速前进的关键。千舟竞发，只有团队合作最好的，才能赢得竞争的胜利。无论是龙舟比赛，还是企业竞争，任何组织想要取得胜利都离不开团队精神。

德国足球队是世界上最优秀的足球队之一，被誉为“日耳曼战车”。然而令人惊异的是，在这样一支传统的优秀球队里，却极少有个人技术超群的球星。和意大利、英国、巴西等国家的球队相比，德国的球员都显得平凡而默默无闻。

然而，这并不影响“日耳曼战车”的威力，他们频频在世界级的比赛中问鼎冠军，把意大利、巴西、英国、荷兰等足球强队撞翻，谁也不敢轻视“日耳曼战车”的威力。原因在哪里呢？一位世界著名的教练说：“在所有的队伍当中，德国队是出错最少的，或者说，他们从来不会因为个人而出差错。从单个的球员看，德国队是脆弱的，可是他们 11 个人就好像是由一个大脑控制的，在足球场上，不是 11 个人在踢足球，而是一个巨人在踢，作为对手而言那是非常可怕的。”

全队拧成一股绳，发挥团队的最大力量这就是德国队的秘诀！这也正是很多企业和组织能够形成强大竞争力的关键。世界华人成功学第一人陈安之总结历代成功者的经验，得出的“永恒成功法则”是：“胜利靠别人！成功靠团队！”

没有团队精神的企业是缺乏竞争力的，只有具备“团队精神”的企业，才会形成一种无形的向心力、凝聚力、战斗力和创造力。

实用指南

团队精神决定着一个企业的凝聚力和竞争力。每一个人都要主动加强与同事之间的合作，提高自己的团队合作精神。从老板到员工，各个层级的人应该是团结一致的。只有这样，这个企业的团队精神才最强，才最具有核心竞争力。因此，管理者要使每一个人都融入到团队中去，而不是单打独斗。

悦读心得

德鲁克的这一思想对你有什么启示，请拿起笔，写下你的所感、所思、所得:

第三章

以倾听者的经验来进行沟通

学会使用对方的语言

管理精粹

当我们对木匠说话时，我们需要使用木匠的行话。

《管理：使命、责任、实践》德鲁克

精彩阐释

德鲁克说，正如人不能听到一定频率以上的声音那样，人的知觉也不能感知到超过其知觉范围以外的事物。当然，从物理上讲，他可以听到或看到，但不能接受，不能成为信息交流。

因此，要想取得高品质沟通，就需要使用通俗的语言。托尔斯泰说："真正的艺术永远是十分朴素的，几乎可以用手触摸到。"演说语言要力求通俗化，口语化。如不考虑听者的接受能力，用那种文绉绉、酸溜溜的语言就会既不亲切，又艰涩难懂，往往事与愿违，弄得不好，还会闹出笑话。

通过简化语言并注意使用与对方一致的言语方式可以提高理解效果。比如，医院的管理者在沟通时应尽量使用清晰易懂的词汇，并且对医务人员传递信息时所用的语言和对办公室工作人员是不同的。在所有的人都理解其意义的群体内使用行话会使沟通十分便利，但在本群体之外使用行话则会造成沟通问题。因此管理者不仅需要简化语言，还要考虑到信息所指向的听众，以使所用的语言适合于对方。

另外还要有积极坦诚的沟通态度。开诚布公、坦率谈论的态度，能使双方倍感亲切、自然，易于接受各自的观点和看法。如果虚情假意、阳奉阴违，就会造成“话不投机半句多”的尴尬局面。所以，交谈中一定要注意，不要装腔作势、言不由衷，更不要在对方面前吹嘘自己或玩弄是非，这些都是有碍创造和谐谈话气氛的有害因素。

对于管理者而言，使用对方的语言进行沟通，容易与对方取得共识。

在银行工作的艾伯森先生曾说过这样的一件事：“有个年轻的司机走进来要开个户头，我递给他几份表格让他填写，但他断然拒绝填写有些方面的资料。在我没有学习人际关系课程以前，我一定会告诉这个客户，假如他拒绝向银行提供一份完整的个人资料，我们是很难给他开户的。

“但今天早上，我突然想，我最好换一种能够改变他观点的沟通方式。于是我就对他说：‘就像是你行驶在高速公路上，你要是不交过路费，将不会被放行。’听完这我的话，这位年轻人居然笑了，对我说：‘看来我需要补上过路费。’说完他就把资料补全了。”

这就是使用对方语言的魅力。当管理者用对方所常用的语言进行沟通时，他自然会感到亲切，感到管理者的真诚，更愿意将管理者看成是替自己考虑的人，从而将胸怀敞开，使沟通进入畅通阶段。相反，如果管理者对着木匠说着泥工的话，也许一开口，就会遭到抵触。

实用指南

对管理者而言，学会使用对方的语言，用对方熟悉的术语、习语和沟通方式进行沟通，极其有利于提升沟通的品质。“你必须以对方的语言来说话。如果你对双方都有所了解，才会沟通顺利。”德国著名剧作家华格纳说:“除了留心你的声音听起来如何，还要注意你所使用的字眼。如果你是个大量使用词语的人，要当心并非每一个人都听得懂，而且可能很多人会觉得枯燥无味即使他们同意你所说的主题。”

悦读心得

德鲁克的这一思想对你有什么启示，请拿起笔，写下你的所感、所思、所得:

充分掌握对方的沟通期望

管理精粹

在进行沟通前，我们必须先了解对方期望听到什么。

《管理：使命、责任、实践》德鲁克

精彩阐释

德鲁克说，只有了解了对方的期望，我们才能了解沟通是否能够利用收听者的期待，以及是否需要对他“当头棒喝”，而让他意识到“不能如其所愿”的事情正在发生。

杰克·凯维是加勒福尼亚州一家电气公司的一位科长，他一向知人善任，并且每当推行一件计划时，总是不遗余力地率先做榜样，将最困难的工作承揽在自己的身上，等到一切都上了轨道之后，他才将工作交给下属，而自己退身幕后。虽然，他这种处理事情的方法是很好的，但他太喜欢为他人表率，所以常常让人觉得他似乎太骄傲了。

有一段时间，一向精神奕奕的凯维却显得无精打采。原来是因为经济极不景气，资金方面周转不灵，再加上预算又被削减，使得公司的机能差点停顿。凯维看这种情形若继续下去，后果一定不可收拾。于是他实施了一套新方案，并且鼓励职工:“好好干吧！成功之后一定不会亏待你们的。”但没想到眼看就要达到目标，结果还是功亏一篑，也难怪他会意志消沉了。

平日对凯维就极为照顾的经理看了这些情形后，便对他说："你最近看起来总是无精打采的，失败的挫折感我当然能够了解，但是我觉得你之所以会失败，乃是因为你只是一味地注意该如何实现目标，却忽略了人际关系这种软体的工程。如果你能多方考虑，并多为他人着想这种问题一定能够迎刃而解。"

经理停顿了一下，又接着说："能屈能伸的才是一个好的管理人员。我觉得你就是进取心太急切了，又总喜欢为职工的表率，而完全不考虑他们的立场，认为他们一定能如你所愿地完成工作，结果倒给了职工极大的心理压力。大概也就是因为这个缘故，所以大家都说你虽能干，但你的部属却很难为。每个人当然都知道工作的重要性，所以你实在大可不必再给他们施加压力。你好好休息几天，让精神恢复过来，至于工作方面，我会帮助你的。"

经理在与杰克·凯维沟通之前，已经作过详细的调查，不仅清楚凯维消沉的原因，也知道了同事对他的评价。他判断，凯维此时最需要的一定是失败的原因和鼓励的话语。所以，他才说出上述话。这些话对于凯维来说确实很受用，在经理与他谈完话的第二天，他就信心百倍地开始工作了。

会打棒球的人都知道，当我们要接球时，应顺着球势慢慢后退，这样的话球劲便会减弱。与此相似，我们在说服他人的时候，如果能将接棒球的那一套运用过来，沟通就会变得极为容易。

实用指南

沟通的时候，我们很容易把焦点放在自己身上。我想要什么，我想怎么样。而对方也在想，他想怎么样，他想达成什么结果，所以沟通效果就不会好。而你如果把焦点放到对方身上，充分了解了对方的沟通期望，沟通效果就会事半功倍。因此，对管理者来说，在进行沟通之前，了解接受者的期待是什么尤为重要。只有这样，我们才可以知道是否能利用他的期望来进行沟通。此外，在沟通的过程中，管理者一定要根据对方的性格爱好和其心理采取不同的处理方式，并把握分寸，才能达到最好的沟通效果。

悦读心得

德鲁克的这一思想对你有什么启示，请拿起笔，写下你的所感、所思、所得：

善于听取不同的声音

管理精粹

管理者要时常询问下属：你有什么不同意见？

《卓有成效的管理者》德鲁克

精彩阐释

德鲁克认为，有效的决策并不像课本里所说的那样来自于对真相的一致看法。恰恰相反，正确决策的意识正是在不同意见的冲突与矛盾之中产生的，是认真考虑各方意见的一个综合性结果。

德鲁克说，美国历史上的每一位卓有成效的总统都有各自一套激发不同意见的办法，以帮助自己能做出有效的决策。华盛顿总统最讨厌他开的会议上有冲突，或者争论不休。然而，就连他这样一向推崇团结的人在重要决策上，也会同时去征求汉密尔顿等人的意见，以使自己能听到必要的不同声音。

富兰克林·D·罗斯福是美国历史上最为出色的总统之一。他对听取不同意见的理解最为深刻。每当需要对重要事情作决策时，他会找来一位喜欢散布小道消息的助手，对他说：“我想请你帮我研究一个问题，但请不要声张。”

接着，他又找来几位从一开始就对此问题持不同意见的助手，向他们布置了同样的任务，并也叫他们绝对保密。这样一来，他便可以肯定，这些消息会在极短的时间内在利益相关者当中传遍。伴随而来的会有各种各样的声音。综合了各种意见，他的决策就不会被某个人的先入为主的想法所左右。

罗斯福的这一做法曾经受到内政部长的强烈指责。在这位部长的日记里，诸如“缺乏严谨的工作作风”、“过于轻率”、“视同儿戏”等指责总统的言辞到处可见。不过罗斯福心中明白，美国总统的首要使命不是行政管理，而是进行决策，并且是正确地进行决策。而获得正确决策的最好办法就是将总统府比作是法院，通过各种意见的对立和辩解使真相突显，使决策相关的各种情况都能摆到桌面上来。

从案例中我们可以看出，卓有成效的管理者善于听取不同意见。为什么要听取不同的意见？德鲁克给出三条理由：不同意见能够避免决策者被某种看法所左右，不同意见可为决策提供多种选择，不同意见有助于激发想象力。

实用指南

德鲁克认为，管理者应从不同意见中吸取营养，帮助自己去识别那些错误或片面看法，使自己做决策时有更加广泛的考虑和选择的空间，使正确意见得以转化为好的决策，从而使工作更加富有成效。

悦读心得

德鲁克的这一思想对你有什么启示，请拿起笔，写下你的所感、所思、所得：

在沟通中追求双赢

管理精粹

沟通如果符合对方的期望、价值及目标，它就会很有力量。

德鲁克《管理使命、责任、实践》

精彩阐释

德鲁克认为，沟通不仅考虑己方的利益，同时也要顾忌对方的利益和需要，双方各取所需各应所求，这就是沟通最理想的境界。但这只是一种理想的境界，沟通的过程受很多因素的影响，当人际互动陷入对峙甚至敌对时，就会扩散故意性和离心力，就会造成失败，甚至是“双输”的局面。

要想取得双赢的沟通效果，首要克服的心理障碍就是要知道分歧不可怕。分歧是关系重组的信号，而不会接受你的意见。沟通时，当遇到意见、感受、观点不同时，可以用诚恳的语气说：“在这里我们有不同，让我们一起来想出我们大家都满意的方法。”或“让我们一起想出对双方都有利的方案。”

言辞上强调的是“我们”，而不是“你”“我”的对立。不但没有任何贬抑的用意，反而只有诚意的邀请。这样不管对方有没有接受你的建议，你们的关系都将由对立走向缓和，为沟通创造良好条件。

发生分歧的时候就是需要了解的时候，当双方意见不统一时，你就该想想为什么会出现这种情况，在分歧中，必须先明确对方真正诉求的主题。到底是单纯寻求问题解决的可能性；或只是抒发个人的不满、牢骚、愤怒；或是纯为鸡毛蒜皮的小事，无理取闹；又或是一味玩个人游戏，借此以引起注意；或是对方的自我困惑与矛盾。“分歧，就是了解的时候。”它是探索对方需求的时候，而不是自我表达的时候；是相互之间理清作为困扰及方向的时候。切勿落入对方情绪的漩涡里，跟着团团转。

克服掉不怕分歧的心理障碍后，紧接着就要建立共赢的沟通理念。追求共赢，可以采用以下几个步骤：

第一步，是要了解双方的需要：某甲因口渴，想喝果汁，所以需要橘子；某乙想要用橘子皮做蛋糕。

第二步，是要找出彼此的共同点：在这个例子中，两个人需要同一个东西，却有不同的用途。

第三步，是要寻找是否有可行的合作办法：在某甲想喝果汁，而某乙想要橘子皮的情况下，答案是显而易见的，因为双方都可以从完整的橘子里各取所需，双赢的结果非常容易达到。

第四步，是联手合作。

实用指南

在沟通中，双方可以充分探讨彼此的需求、差异和共同点，共同寻求对策。把对方当作伙伴，而不是对手。如果能够达成共识，就会加强彼此的关系。当双方都赢的时候，每个人都会努力维系这种结果。在德鲁克看来，满足对方需求的沟通才会更被珍惜。追求双赢可以让彼此的关系变得更和谐。

悦读心得

德鲁克的这一思想对你有什么启示，请拿起笔，写下你的所感、所思、所得：

以说服力塑造影响力

管理精粹

管理者要有足够的时间来对不同意见者进行说服，或者作些小的让步以便获得他们的支持而又不影响决策的完整性。

德鲁克《卓有成效的管理者》

精彩阐释

在传统的管理方式中，管理者常常是以命令的形式去求合作。可是在这种命令之下，却总无法获得真正的合作。命令是以单方面的力量来推动，是运用权力手段去影响和改变别人。因此，易招致反抗，这是很自然的反作用。在新时代的管理实践中，强调的更多的是非权力影响力的作用。

有一次，欧洲反法神圣同盟兵侵犯法国，他们来势汹汹，势不可当。法国军队迅速展开一场激烈的防御战，拿破仑派手下两个屡建奇功的军团担任起艰巨的防御任务。哪想到，防御部队的士气低落，被敌兵打得落花流水，四处逃窜。拿破仑不言不语，背着双手审视着逃军。

很久，他终于怒声传令：“集合！全体士兵统统集合！”垂头丧气的士兵们惴惴不安，小心翼翼地观察拿破仑的一举一动。拿破仑双手抱胸，在队伍面前踱来踱去，步子越来越急促，皮鞋叩打地面的声音越来越响亮，震得残兵败将们心惊肉跳。他们胆战心惊地等待训斥。

拿破仑终于充满悲伤、愤怒地开始对他们训话了：“你们不应该动摇信心！你们不应该随随便便丢掉自己的阵地！你们知道，夺回那些阵地要流多少血啊！”

看着士兵们惭愧地低下头，拿破仑猛然回头命令道：“参谋长阁下，请你在这两个军团的旗子上写下一句不吉利的话：他们不再属于法兰西军了。”这下，全场一片哗然。把祖国的利益和自己的荣誉看得高于一切的士兵们，自然明白这句话的分量。他们羞愧难当，甚至有人下跪号哭道：“统帅，给我们一次机会吧！我们要立功赎罪，我们要雪耻啊！”

拿破仑见状，相信他的军队能以自己的英勇行为洗刷“污点”。他非常高兴，当众振臂高呼：“对！早该这样了。这才是好士兵，才像拿破仑手下的勇士；这才是战无不胜的英雄！”从此以后，面对反法同盟的疯狂进攻，恶战一场接着一场。但是，这两个军团异常骁勇，多次重创敌军，立下赫赫功勋。

一个人的说服力强就可以改变他人的看法进而改变他人的行动，所以说服能力的大小直接影响了这个人的影响力，而这种影响力与权力是无关的。

实用指南

在沟通中，欲使彼此之间相互了解，必须每一个人努力的借着诉说和倾听来认识对方、了解对方，并接受对方的想法。同时也要让对方来了解自己，从这一点来说，影响也是相互的。有了这种说和听的努力之后，管理者的个人影响力将会得到增强。因此，管理者要想获得高品质沟通，就要善于以出众的说服力来提升影响力，从而使合作是在沟通之下进行的，而不是仰仗命令或强权式的推动。

悦读心得

德鲁克的这一思想对你有什么启示，请拿起笔，写下你的所感、所思、所得: